책 쓰기,
40대를 바꾸다

책 쓰기,
40대를 바꾸다

양민찬 지음

매일경제신문사

프롤로그

내 책이 탄생하는 순간, 나는 상위 1%

시대가 많이 흘러도 변하지 않는 진리가 있다. 그중 한 가지는 '세상은 누군가에 의해 지배되고 생산되며, 누군가는 이끌려가고 순응하며 소비하고 있다'라는 사실이다. 이것은 단지 어느 것이 좋다, 나쁘다는 문제를 말하는 것이 아니다. 세상이 돌아가는 흐름에 대한 생각이다.

책 쓰기는 많은 이들의 막연한 인생 버킷리스트 중의 하나다. 그리고 대부분의 사람들에게는 살아가는 동안 한 권의 책을 남기고자 하는 마음이 잠재되어 있다. 세상의 시곗바늘이 움직이는 속도는 더욱 빨라지고 있다. 어떤 분야에서든 이제는 연차에 따라 전문가의 순위가 매겨지는 것이 아니다. 누가 더 빨리 그 분야에 관한 고급정보⑺를 입수하고 활용해 높은 수준에 도달하느냐의 문제가 되었다.

어느 분야에서나 전문가가 되고 최고의 자리에 이른다는 것은 결코 쉬운 일이 아닐 것이다. 실제로 책을 쓰는 것은 산모가 아이를 낳는 과정에 비유될 정도로 행복한 고통이 있는 기간을 겪어야 한다. 절대 쉽지 않지만, 한 아이의 엄마가 된다는 것은 굉장한 가치가 있다는 점은 확실하다. 많은 사람들이 독서를 최고의 자기계발로 생각할 수도 있겠지만, 실제로는 책 쓰기가 훨씬 더 고급스러운 자기계발이라는 사실을 알아야 한다.

한 권의 책을 쓰기 위해서는 자신의 지식과 경험이 풍부하게 있어야 하며, 그에 덧붙여 추가적으로 최소 30여 권의 경쟁 도서를 읽고 공부해야 한다. 그리고 그것을 내 것으로 재해석하고 표현할 줄 알아야 한다. 나의 지식이 부족하다면 조금이라도 내용이 겹치는 수십여 권의 참고도서를 읽어야 할 것이다. 그런 과정에서 자신의 생각과 학습 내용을 정리하는 습관을 들여야 한다. 그러다 보면, 어느새 자신이 성장하고 있음을 느끼게 될 것이다. 그 분야에 대한 통찰력이 생기게 되는 것이다.

책을 쓰기 위해서는 자신만의 강한 의지와 열정, 그리고 끈기가 필요하다. 처음에 기획하면서 방향성을 잘 잡는 것도 중요하다. 그리고 흔히 '엉덩이의 힘으로 쓴다'라는 말처럼, 체력도 있어야 한다. 원고를 쓸 때는 평소보다 더 규칙적인 자기관리를 통해 자신과의 싸움을 벌여야 비로소 한 권의 책이 완성될 수 있다.

책을 쓰게 되면 나의 이름 석 자가 세상에 알려지고 자신이 집필한 주제에 대해 전문가가 되는 것이다. 자신만의 노하우나 지식, 경험 등을 통해 다른 사람들에게 깨달음을 주게 될 것이다. 사실 수년 전까지만 해도 책을 쓰는 사람은 전문직으로 자리 잡은 대학교수나 의사, 소설가, 여행 작가 등 그 분야의 전문가들에만 허용되는 영역이었다.

그러나 어느 순간부터 자기계발이라는 장르가 출판계의 중심 장르로 자리를 잡으면서 에세이와 더불어 평범한 사람을 비범하게 바꿀 수 있는 계기를 만들어주었다. 내가 전문가라는 사실을 자신의 분야에서 입증할 수 있는 증명의 수단으로 책 쓰기가 자리 잡게 된 것이다.

최근에는 많은 이들이 마흔 즈음이 아닌 30대 초반부터 앞으로의 인생 로드맵에 대해 많은 고민을 한다. 직장생활을 얼마의 기간 동안 어떤 목표를 가지고 할 것인지, 내 경력을 어떤 방향으로 성장시켜갈 것인지 등의 고민이다. 그만큼 지금의 젊은 세대는 위기의식이 있고, 평생직장의 개념이 없어진 세대라고 볼 수 있다. 긍정적으로 보자면 예전보다 스마트해진 세대가 좀 더 이른 시기에 자신의 인생에 대한 고민을 하는 것이라고 보인다. 사실, 그 고민은 일찍 하면 일찍 할수록 좋다. 산 정상에 있는 깃발을 보거나 먼바다에서 육지로 들어오며 등대를 본다고 가정해보자. 그것을 좀 더 분명히 보고 진행했을 때와 안개처럼 보이는 상태에서 진행했을 때, 그 결과가 어떻게 되겠는가?

인생의 성공과 실패의 기준은 자신의 목표점에 대한 성취, 그리고 그것을 바탕으로 주위 사람들에게 펼칠 수 있는 선한 영향력에 의해 결정된다고 생각한다. 결국 성취와 영향력을 이루기 위해서는 계속 성장해나가야 한다. 하루아침에 로또에 당첨되거나 주식이 대박 난다고 한들 인생의 성장에 대한 기준과 고민이 없는 사람들은 판단을 내리기 어려울 수 있다. 어떻게 써야 할지 몰라 결국 잘못된 길로 가고 만다. 그래서 우리는 늘 '어떻게'에 대한 고민을 해야 한다.

많은 사람들이 성장하려고 생각을 한다. 그런데 그것을 이루기 위한 실행은 게을리하는 경우가 많다. 자신은 나름대로 최대한 열심히 노력한다고 생각할 수 있지만, 그러는 사이에 자신보다 더 노력하는 사람이 더 많은 성장을 거두고, 전문가로 거듭나 조직에서 승승장구하고 있을지도 모른다. 열정과 지속성은 있을지 몰라도 방향성이 잘못된 경우도 많이 볼 수 있다.

어느 분야에서나 무조건 열심히 꾸준히 한다고 성장할 수 있는가? 그런 면에서 책은 예전이나 지금이나 변함없이 내가 상위 1%가 될 수 있도록 안내해주는 소중한 내비게이션이 될 수 있을 것이다. 책을 쓰는 것은 현재의 시점에서 자신의 지난 인생을 되돌아볼 수 있는 소중한 계기가 되며, 앞으로 보다 나은 인생을 살기 위한 촉매제 역할을 할 수 있다. 흔히 말하듯 책은 누구나 쓸 수 있지만, 아무나 쓸 수 있는 것은 아니다.

책은 자신의 지식과 경험, 그리고 열정을 탈탈 털어 독자들에게 메시지를 전달하는 것이다. 필자가 독자들에게 당부드리고 싶은 점은 당장 출간 당시의 시대적 흐름에만 도취되지 말라는 점이다. 반짝하는 책이 아니라, 5~10년 후에도 빛이 나고 독자들이 가치를 인정해주는 책을 쓰라고 말하고 싶다. 필자가 존경하는 구본형 저자, 한근태 저자처럼 시간이 흘러도 저자의 생각과 가치가 미래 세대에게도 본보기가 될 수 있는 그런 책이 되었으면 좋겠다. 당장 출간하기 위해 너무 빨리 서두르지도 말고, 너무 쉽게 고민 없이 출간하지도 말아줄 것을 당부드린다. 책을 출간함으로써 상위 1%가 된다는 것이므로 자부심을 가지고 더 몰입해서 후회 없는 출간을 해야 할 것이다. 10년 후에 누군가가 그 책을 통해 나를 평가할 것이기 때문에 우리는 더욱더 신중하고 열정을 다해서 책 한 권을 만들어야 한다.

필자는 30대 때도 독서를 많이 하는 편이긴 했지만, 집중적으로 독서를 하기 시작한 최근 몇 년 동안은 시간도 많이 투자하고 독서의 속도도 빨리지게 되었다. 어떤 분야든지 탄력을 받는 게 중요하다는 점을 다시 한번 느끼게 되었다. 그중 대부분이 필자가 1인 기업을 시작한 최근 2년 동안의 독서였다. 최근에 교보문고, 예스24에서 구매한 책과 도서관에서 대여한 책들 목록과 독서 노트를 보고 새삼 놀라기도 했다. 하루에 몇 권을 읽다 보니 좀 더 많이 읽은 정도인 줄 알고 있었지만, 대략 2,000여 권 넘게 읽은 것이다.

독서는 하면 할수록 필자의 지식에 대한 열정을 더 불타오르게 한다. 필자뿐만 아니라, 대부분의 작가들이 자신의 출간 분야뿐만 아니라 그와 조금만 관련이 있는 책들까지도 읽고 싶은 욕구를 느끼며 독서를 한다고 한다. 여기서 필자가 느낀 점은 책 쓰기는 결국 많이 읽고 많이 쓰고 다듬어서 책을 완성하는 것이라는 점이다.

마흔은 우리에게 인생의 터닝포인트가 될 수 있는 시점이다. 위기일 수도 있고 기회일 수도 있다. 그렇기 때문에 준비된 사람이 되어야 한다. 그것을 준비하기 위해 이직과 자격증을 준비할 수도 있고, 창업을 준비할 수도 있다. 그런데 그와는 별개로 책은 반드시 한 권 써보라고 말하고 싶다. 이는 우리가 앞으로의 삶을 살아가는 데 큰 도움이 될 것이라고 믿는다. 필자는 책을 썼던 많은 분들의 경험담을 책으로 읽거나 직접 만나보았다. 그분들의 공통점은 몇 가지로 요약된다. 그들은 "책 쓰기는 위대하며 나를 더 빠르게 성장하게 했다"라고 말한다. 또한, "글을 쓰면서 사는 것이 좋고, 책을 통해 독자들과 만나는 것이 행복하다"라고 말한다. 많은 분들이 책 출간을 아이가 태어나는 것에 비유한다. 이 한 권의 책이 잘 자라준다면 여러분에게 무궁무진한 기회를 줄 수도 있고, 반대로 큰 변화를 느끼지 못하게 될 수도 있다. 그러나 한 가지 중요한 것은 아이를 낳은 것 자체가 위대한 것처럼, 책 쓰기는 그 자체로 가치 있는 도전이라는 것이다. 책을 쓰는 순간, 여러분은 생산자로서 상위 1%로 거듭나는 확실한 계기가 될 것이 분명하기 때문이다.

책을 읽는 것은 정보에 대한 갈증과 고민을 해결하기 위해서다. 내가 어떤 문제에 직면했을 때 다른 누군가를 찾아갈 수도 있지만, 수많은 책들 중에서 해결책을 찾으려고 노력할 수도 있다. 책에서 단순히 지식과 정보만 얻는다고 생각하면 안 된다. 그 안에는 수십 년 전 선인의 통찰력이 담긴 혜안이 있으며, 많은 전문가들의 명언이 담겨 있다. 그래서 누군가의 고민을 해결해주는 것이 책이라면, 그것은 출간 자체로도 1%의 가치를 가진다고 확신하는 것이다. 지금은 시대가 점점 더 빠르게 변화하고 발전함에 따라 몇 년 전에 나온 선인들의 지혜가 별 의미가 없다고 생각할 수 있다. 그러나 역사와 진리는 반복되고 있다.

결국 이 세상이 발전되더라도 진리는 변하지 않는 법이다. 그것을 우리는 책으로써 구현해내는 것이다. 독서를 많이 하는 사람이 책을 쓰고자 하는 갈망만 있었을 때, 상위 10%였다고 한다면, 지금 책을 쓰는 당신은 상위 1%에 접근하고 있는 것이다. 지금 당신은 출간하는 자체로 생명의 신비를 탄생시킨 것이다. 다산 정약용이 오래전에 좋은 글을 많이 남겼듯이, 당신도 생산자로서 많은 이들에게 큰 지혜와 용기를 주게 되는 존재이기 때문이다. 필자의 지식과 경험은 초보를 위한 것이므로 상위 10%가 나머지 90%에게 지식을 공유하는 것이라고 보면 된다. 그 지식과 경험을 통해 책을 출간한 사람들은 상위 1%가 되는 것이다.

끝으로, 이 책을 출간할 수 있도록 관심과 격려를 아끼지 않으셨던 출판사 대표님과 편집자분들, 그리고 필자가 이 세상에서 가장 소중히 여기는 부모님, 바라보고만 있어도 행복한 그림을 완성시켜준 아내와 두 아들에게 이 책을 선물하고 싶다.

양민찬

프롤로그
내 책이 탄생하는 순간, 나는 상위 1% ○5

1장.

마흔, 지금처럼 살거나 지금부터 살 나이 [현실 인식]

꿈을 잃을 것인가, 이룰 것인가 ○16
지식의 소비자에서 지식의 생산자로 ○21
성공보다 커리어 성장, 스펙보다 스킬 ○26
관종에서 인플루언서가 되는 시대 ○33
금수저가 될 수 있는 무자본 투자 ○39
화이트칼라에서 골드칼라의 시대로 ○46

2장.

10장의 이력서를 이기는 책 한 권의 힘 [실행력]

수백 권의 독서로 이루어진 한 권의 책 ○54
유튜브보다 더 영원히 남겨질 책 ○60
마흔 살 이후 지속 가능한 삶의 디딤돌 ○66
영원한 현역으로 거듭나는 1인 기업 ○73
직장인들의 지식과 경험을 책으로 쓰기 ○79
마흔에 도전해서 성장하는 1인 1책 시대 ○85

3장.

내 인생 첫 번째 책 쓰기 16주 플랜 [책 쓰기]

내가 말하고자 하는 주제 및 메시지 찾기 1주   094

깊이 있는 경쟁 도서 분석 및 제목과 콘셉트 잡기 1주   098

논리적이고 체계적인 목차의 완성 1주   104

첫 만남의 설렘과 헤어짐 - 서문과 맺음말 1주   111

술술 써 내려가는 초고 완성 10주   117

선택받는 원고 투고 및 퇴고 과정 2주   123

4장.

마흔의 책 쓰기는 성장의 연속이다 [책 쓰기]

내가 책을 쓰는 이유, 메시지   134

나의 지식과 경험 중에 숨겨진 보석 찾기   140

쉬운 말로 말하듯이 짧고 간결한 본문 쓰기   146

매일 아침 하루 2시간이 초고 완성의 지름길   152

간절함과 체력으로 무라카미 하루키처럼 글쓰기   159

다독과 자료 수집이 경쟁력   166

5장.

독자와 출판사가 선택하는 베스트셀러 [초간 전략]

출판사 입장에서 역지사지   174

저자의 영향력이나 스토리의 힘   180

제목, 목차, 표지 디자인이 구매의 승부처   187

차별화된 전문가로 보일 때 - 선택과 인정   195

베스트셀러 작가? 비즈니스가 더 좋다   201

저자가 홍보하고 마케팅하는 시대   207

1장

마흔, 지금처럼 살거나
지금부터 살 나이

[현실 인식]

꿈을 잃을 것인가,
이룰 것인가

당신에게는 꿈이 있는가? 그 꿈은 무엇인가? 그렇다면 어떤 구체적인 목표와 계획을 세우고 그 꿈을 달성하기 위해 노력하고 있는가? 인생을 살면서 무난하게 살 수도 있고, 우여곡절을 겪을 수도 있다. 평범하게 사는 것도 어렵고, 우여곡절을 극복하는 것은 더 어렵다. 한 가지 분명한 것은 우리는 계속 도전해야 하며, 넘어져도 일어날 줄 아는 힘이 있어야 한다는 점이다.

평범함 이상을 뛰어넘기 위해 노력해야 한다. 인생의 고비는 30대에 있을 수도 있고, 40대에 있을 수도 있다. 아니면 50~60대에 늦게 찾아올 수도 있다. 지속해서 어려움을 이겨내며 파도를 서핑하듯이 잘 이겨낼 수도 있고, 잔잔한 파도처럼 살다가 큰 파도를 만날 수도 있다. 결론은 이겨내야 한다는 것이다.

필자는 지금 마흔 즈음에 관한 이야기를 하고 있지만, 꼭 마흔이 아니어도 좋다. 과연 우리는 어떤 꿈과 목표를 가지고 살고 있는가? 어려움을 이겨내기 위해서, 그리고 그것을 뛰어넘어 꿈을 달성하기 위해서 어떤 노력을 하고 있는지 고민해볼 필요가 있다. 넘어져도 다시 일어설 수 있는 경쟁력을 갖기 위해 어떤 방식으로 나만의 무기를 만들고 있는지 되돌아보아야 한다.

일찌감치 이런 고찰을 해본 사람은 인생의 방향 전개가 다른 사람보다 더 빠르게 진행된다. 그리고 좀 더 빨리 성장해서 자리를 잡게 된다. 평균수명이 길어지면서 인생의 시계는 더 길어지고 있다. 그리고 방향을 잡기 위한 노력은 점점 더 빨라지고 있다. 이렇게 된 직접적인 이유는 가속화된 노령화 사회와 평생 직장의 붕괴 현상이다. 그냥 꾸준히 열심히 살면 되는 시대에서, 이제는 경쟁력 있는 전문가가 되어야 살아남는 시대가 된 것이다.

지금 우리는 하루하루를 만족하면서 살 수도 있고, 불만족스럽게 살아갈 수도 있다. 중요한 것은 현재가 자신의 과거에 대한 결과물이라는 사실이다. 그 진리는 인생 전반에 해당하는 이야기다. 자신의 현재가 불만족스럽게 느껴지는 사람은 미래도 안개처럼 불확실할 확률이 높다. 왜냐하면 현재는 '과거의 산물이라'는 진리를 받아들이지 않고 있기 때문이다. 앞으로 다가올 미래를 향해 오늘을 어떻게 발전시키고 성장해가고 있는지를 보아야 하는데, 과거에 노력하지 않았던 사람은 현재도 불만족스럽고, 미래는 더더욱 어둡게 느끼기 때문이다.

반면 현재를 받아들이고 미래에 대한 명확한 방향 설정을 통해 한 발한 발 내딛고 있는 사람은 지금 당장은 아닐지라도 머지않아 조금씩성과를 이루어나갈 수 있을 것이다.

사실 꿈이란 말은 어렸을 때 먼 훗날의 막연한 희망 사항을 이야기하는 것이다. 어른이 되었을 때는 목표란 단어를 쓰면서 좀 더 현실 가능한 구체적인 수치를 제시한다. 그리고 그것에 다가가려고 노력하게 된다. 이는 꿈과 목표의 차이점이다. 필자가 생각하는 꿈은 책 쓰기처럼 추상적이면서도 내가 이루고 싶었던 평생 동안의 버킷리스트를말한다. 그것은 결국 구체적인 목표를 몇 개 달성했을 때 연결될 수있다.

인생을 살면서 용기나 갈증 없이 아무나 배낭을 메고 800㎞나 되는 스페인의 산티아고 순례길로 떠날 수는 없다. 한편으로는 모두가 걸으면서 인생을 사색하는 것이 답일 필요도 없다. 그러나 한 가지 중요한 건 꿈을 이루기 위한 고민과 여정은 누구에게나 필요하다는 것이다. 그리고 그것을 달성하기 위한 방법과 고찰은 반드시 필요하다는 점이다. 꿈을 이루고 싶다면 간절한 열정으로 도전해야 한다. 그냥서 있기에는 인생의 시간이 너무 짧고 아깝다. 그래서 우리는 자신만의 꿈을 향한 여정을 지금 시작해야 한다. 꿈은 매일 아침 눈뜰 때마다, 그리고 밤에 잠들 때마다 간절히 기원하는 사람에게 조금 더 가까이 다가올 것이기 때문이다.

필자는 큰 그림을 좋아한다. 큰 그림은 큰 목표를 뜻한다. 그런 측면에서 만다라트(Mandal-Art)를 통한 목표 계획을 좋아한다. 내가 달성하고자 하는 만다라트의 8가지 큰 그림은 목표가 될 것이고, 그것의 귀결은 꿈이 될 것이다. 8개의 목표에는 다시 8개의 세부적인 목표와 계획이 설정될 것이다. 내일 당장 만다라트 차트를 기록해보자. 다 기록하지 못해도 좋다. 최종 지향점과 8개의 큰 목표만 작성해도 좋다. 꿈은 그렇게 조금씩 조금씩 실천하고 있는 사람에게 손짓할 것이기 때문이다.

필자의 꿈은 경제적 자유와 가족의 행복이다. 필자가 말하는 경제적 자유는 현금 흐름이 지속될 수 있는 시스템을 갖추는 것을 의미한다. 그 목표를 달성함으로써 가족에게 정신적으로 편안함을 주고 싶다. 그다음에는 필자가 속해 있는 조직이나 단체 그리고 모교에 조금이라도 베풀 수 있는 여유가 생겼으면 하는 바람이 있다. 그것을 위해 나는 8가지의 목표를 개미처럼 조금씩 세부적으로 실천해나갈 것이다. 그 8가지는 평생 지속해야 하는 운동이나 학습 등도 포함되어 있고, 취미활동이나 부를 달성하기 위한 방법들도 포함되어 있다.

이렇게 우리는 하루하루 성장하고 있다. 그러므로, 목표와 꿈을 이루려는 당신이 책을 써야 하는 이유는 많다. 책은 나를 발전시키며 성장시킬 수 있고, 그것을 통해 자연스럽게 자기계발을 할 수 있게 해준다. 독자들에게 긍정적인 영향력을 끼칠 수도 있고, 내 이름 석 자를 전문가로 널리 알릴 수 있다. 당신이 지금 열심히 인생을 살고 있지만,

뭔가 이루고 싶은 열정이 더 있다면 도전해야 한다. 그리고 지금보다 더 주도적이고 인정받고 싶은 욕구가 있다면 그 역시 도전해야 한다. 성장을 위해, 꿈과 목표를 위해, 우리는 열정적으로 방향성을 가지고 지속적으로 도전해야 한다. 그러면 나의 꿈, 나의 인생은 서서히 완성될 것이다.

여러분들은 미래를 내다보면서 그 점들을 연결할 수 없습니다. 오직 과거를 돌아볼 때만 연결할 수 있죠. 그래서 여러분들은 그 점들이 여러분의 미래에 언젠가 연결될 것이라고 믿어야 합니다. 여러분들의 직감, 운명, 삶, 숙명 무엇이든지 믿음을 가져야 합니다. 왜냐하면 그 점들이 여러분의 인생의 길에서 연결이 될 것이라는 믿음은 여러분이 마음을 따를 수 있도록 확신을 줍니다. 비록 그것이 여러분을 잘 닦여진 길에서 벗어나게 하더라도 말이죠. 그리고 그것이 모든 차이를 만들 겁니다.

여러분들의 시간은 유한합니다. 그러니 다른 누군가의 삶을 사느라 여러분의 시간을 버리지 마십시오. 그리고 가장 중요한 점은 여러분의 마음과 직감을 따르는 용기를 가져야 한다는 것입니다. 여러분의 마음과 직감은 이미 여러분이 진심으로 되고 싶어 하는 것이 무엇인지 알고 있습니다. 다른 모든 것들은 부차적인 것입니다.

– 스티브 잡스(Steve Jobs)의 스탠포드 대학교 졸업 연설 중에서

지식의 소비자에서
지식의 생산자로

지금은 누가 먼저 '생산자가 되고, 영향력을 미칠 수 있느냐'가 그 분야의 전문가가 되는 성패를 결정짓는 시대가 되었다. 그래서 우리는 직장인이든 비즈니스를 하든 이러한 흐름 속에서 생산자의 개념으로 거듭 태어나야 하는 것이다. 그리고 우리는 단지 이직이나 승진, 비즈니스의 나비효과 등을 일컫는 생산자에서 좀 더 확장된 '지식의 생산자'로서의 프리랜서가 되어야 한다. 이런 지식의 생산자는 디지털노마드의 개념과도 일맥상통할 수 있다. 책은 오래전부터 내가 언제 어디서든 독자에게 전문가로서의 역할을 함으로써 프리랜서와 디지털노마드로 가는 길을 제시해왔다. 책을 쓰는 것은 위대한 일일 뿐만 아니라, 그것을 통해 진정한 나를 찾고 지식의 생산자로서 거듭날 수 있는 기회임을 인식하기를 바란다.

최근 2년 동안 주식 투자가 국민적인 인기를 끌면서 증권회사 직원이나 자산운용사 대표 등이 책을 쓰는 것을 많이 보게 된다. 그리고 그들은 어느 순간부터 증권회사 직원으로 얽매이기보다는 TV나 유튜브 출연을 통해 더 많은 정보를 더 많은 사람들에게 공유하고 전파하고 있다. 그러면서 그들은 훨씬 더 많은 기회를 만들고 있다. 그들은 자신이 속해 있는 회사에 기여하고 인정받으면서, 한편으로는 자유롭게 자신의 날개를 펼치며 발전해가고 있는 것이다. 그러면서 자신의 영향력을 키워가고 있다. 그들은 스카우트 제의도 많이 받을 수 있고, 퇴직하더라도 자신의 역량을 자유롭게 펼칠 수 있는 토대를 만든 것이다. 즉, 직장인에서 머물지 않고 더 나아가 한 분야의 '지식 생산자'가 된 것이다.

이처럼, 책을 쓰는 것은 나를 알리고 나의 미래를 밝히는 등불 역할을 할 수 있다. 본인의 미래에 대한 목표 설정과 같은 방향으로 향한다면, 그야말로 최고의 홍보수단이 될 것이다. 내 안에 보석이 있기에 책을 써야 하지만, 브랜딩을 하기 위해서라면 더더욱 책을 써야 한다. 대부분의 책 쓰기 강사들은 6개월만 시간을 투자해서 자신의 인생을 발전시키기 위한 책을 쓰라고 말하기도 한다. 간절함과 전심전력(全心全力)을 통해 책 쓰기의 성공을 이루라고 말한다. 책을 출간하고 나서 베스트셀러가 되면 더더욱 좋지만, 그렇지 않더라도 브랜딩으로서 가치가 있으므로 앞서서 걱정할 필요는 없다. 누구나 자신의 지식과 경험을 알리고 싶은 생각을 가지고 있다. 그러나 실행하지 않기 때문에 지식의 소비자로서 머물러 있는 것이다.

사실 책을 출간하는 것은 자신에게 매우 의미 있는 시간이다. 물론 책이 많이 팔리면 좋지만, 적게 팔리더라도 앞으로 나에 대한 브랜딩을 할 수 있기 때문이다. 그 브랜딩은 한 분야의 전문가라는 명함을 나에게 선물하는 것이다. 그래서 설령, 첫 번째 책이 많이 팔리지 않더라도 실망할 이유가 전혀 없다. 최선을 다해 출간한 책 그 자체로도 박수받아 마땅하며, 그것이 자신의 첫 브랜딩이 될 수 있다. 첫 책은 나만의 '인생의 무기'가 하나 생긴 것이다. 더 나아가 앞으로 더 성장할 수 있는 발판을 마련해줄 것이며, 나만의 브랜딩을 선물해줄 것이기 때문이다.

마흔, 남들보다 조금 더 몇 발자국 앞서서 인생의 마라톤을 뛰고 싶은가? 그러면 책을 통해 자신을 '지식의 소비자'에서 '지식의 생산자'로 업그레이드시키길 바란다. 마흔 즈음은 자신을 브랜딩하기 최적의 나이라고 생각한다. 나이가 젊으면 아직 브랜딩하기에는 연륜이나 경험이 적어서 독자들에게 정보를 제공하고 설득하는 재료가 덜 익었을 수도 있고, 좀 더 나이가 들면 의욕이 떨어질 수도 있기 때문이다.

책을 쓰면 전문가 대우를 받을 수 있고, 강의 및 컨설팅 등 다양한 방법으로 수익의 길이 생길 수 있다. 자신이 독자들에게 전문가로 인정받을 수 있는 분야를 선택해야 한다. 하지만 경험이 없어도 관심이 많고 호기심이 있었던 분야여도 된다. 그 분야에 관심과 열정이 있다면, 내가 가진 것으로 생산자가 될 수도 있고, 내가 가지지 않은 것을 지금 생산해낼 수도 있다. 시간은 좀 걸리더라도 지금 공부해서 독자들에게 유익한 정보와 흥미를 주면 된다. 물론 그러려면 최소 수십 권 이상 그 분야의 책을 섭렵해야 하고, 전문가가 되기 위한 시간이 더 많이 소요될 수 있다. 그렇게 책을 읽으면서 자연스럽게 경쟁 도서를 파악하게 되면 공부를 하게 되고 본인의 역량과 브랜딩의 길은 점점 깊이를 더해갈 수 있을 것이다. 그렇게 책 쓰기는 그 무엇과도 바꿀 수 없는 소중한 브랜딩 자산으로 자리를 잡게 될 것이다. 나의 명함에 쓸 수 있고, 자기소개서에 쓸 수 있는 위대한 무기가 되는 것이다. 그러므로, 나의 나아갈 방향과 맞물려서 책을 쓰는 것은 매우 중요하다. 그것이 지식 생산자의 길이자 출발점이다.

이제는 더 이상 학위가 중요한 시대가 아니다. 학위는 기본이고, 그것보다 한 단계 더 증명할 수 있는 책 쓰기를 해야 한다. 책을 써본 사람과 안 써본 사람은 느껴지는 성장의 속도가 매우 다르다고 생각한다. 책을 쓰면서 성장하는 것은 물론, 다음 책과 인생의 방향까지도 구상해보는 시간이 되길 바란다. 책 쓰기를 마치고 출간이 되는 순간, 대단한 성취감과 나 자신이 성장했음을 느끼게 될 것이다. '내가 보는 시야'와 '나를 보는 시야'가 달라질 것이다. 결국 소비자로 남느냐, 생산자가 되느냐는 지금 현재 여러분의 의지에 달려 있다.

사실 지식의 생산자로 발돋움하기 위한 책을 쓰는 과정은 그 당시에는 힘든 과정임이 분명하다. 자신과의 치열한 고민이 있어야 한다. 시간, 열정, 의지, 지식, 글쓰기 등 이 모든 것들을 어느 정도 갖추었을 때 책을 쓰는 생산자가 되는 것이기 때문이다. 그 고비를 넘기고 한 권을 쓸 수 있는 힘이 생겼다면, 그것은 자신만의 무기가 완성된 것임이 분명하다.

우리나라에 출판사가 굉장히 많다고 하지만, 매달 한 권 이상의 책이 나오는 출판사는 200여 곳이 안 된다고 한다. 자신의 커리어와 앞으로의 방향을 위해서 책을 쓰기로 마음먹었다면, 좀 더 잘 쓰는 것이 좋다. 좋은 원고를 출판사에 투고했을 때, 선택받는 것이 지식 생산자로서 인정받는 것이다. 지식 생산자로서 첫 번째는 출판사의 선택, 두 번째는 독자들의 반응이 될 것이다. 모든 것이 그렇듯 실력이 부족하면 시간과 노력이 많이 든다. 만약 그렇다면 꾸준히 더 노력하면서 자신을 성장시켜야 한다. 인생은 성장의 연속임을 기억하기를 바란다.

바야흐로 보통 사람들이 책을 쓰는 시대가 되었다. 평범함이 책 출간을 거쳐서 비범한 사람으로 변화되는 신기한 경험을 할 수 있을 것이다. 평균수명이 길어진 요즘, 긴 인생을 준비하는 최고의 방법 중 하나가 책이라고 생각한다. 책을 쓰는 것을 한 분야의 생산자가 되기 위한 공부라고 생각하면, 더 마음이 뿌듯하고 편안할 것이다. 지금 이 시대는, 특별하지 않아도 누구에게는 특별해 보이는 스토리(story)를 원한다. 그리고 그 생산자의 삶이 여러분이기를 간절히 바란다. 모든 분야는 상위 20%가 생산하고 나머지 80%가 소비하는 구조로 만들어진다. 그 분야에 대해 지식이 부족한 독자가 내 목차와 원고를 읽어보고 내용을 잘 이해할 수 있다면, 일단 절반은 성공이다. 여러분이 만족시켜야 할 독자는 초보 독자이기 때문이다.

성공보다 커리어 성장,
스펙보다 스킬

지금의 40대인 X세대뿐만 아니라, MZ세대로 불리는 2030세대 직장인들의 특징이 흥미롭다. 기업의 임원이 되기보다는 자신의 커리어 성장을 하기 위해 노력하고, 항상 이직에 대한 마음의 준비를 하고 있다고 한다. 또한, 이들은 자신이 원하는 것에 대한 욕구가 강한 세대다. 이들은 결국 자신의 스펙보다는 자신의 스킬을 통해 평생토록 성장해나가려는 특징을 갖고 있다. 이렇게 현실적이고 현명한⑦ 특성을 가지고 있기에, 책 쓰기는 점점 더 젊은 세대로 전이될 것임이 분명하다. 그들은 지금도 자신의 경험을 중시하고 그것을 통해 트렌드를 선도하려고 노력한다. 지금의 2030세대는 구독경제 및 살롱 문화를 만들었다. 그것은 지식과 경험을 나누는 것인데, 그것을 완성하는 단계가 책 쓰기라고 생각한다. 책 쓰기는 어쩌면 그런 면에서 마흔 즈음보다 앞선 2030세대들이 더 추구하고 갈망하게 될지도 모른다는 생각이

든다.

책에는 여러 분야가 있다. 내가 여행을 좋아해서 여행을 다니며 여행책을 쓸 수도 있고, 역사를 좋아해서 역사책을 쓸 수도 있다. 여행사에 다닌 사람만 여행책을 쓸 필요도 없고, 역사에 대한 지식이 해박한 역사학과 전공자만 책을 쓸 필요도 없다. 스토리는 뜻이 있다면 자연스럽게 만들어지며, 그것에 도전하면 된다. 일찍 도전하면 도전할수록 자신의 방향과 로드맵에 대한 설정이 더 명확히 될 것이며, 빠르게 자리매김할 수 있을 것이다.

책을 늦은 나이에 쓰기 시작한 분들은 그동안 간절함이 없었거나 자신의 진로와의 연관성을 못 느꼈기 때문일 것이다. 이런 분들의 경험을 보면 지금 2030세대의 커리어 성장이나 스킬에 대한 갈망은 긍정적으로 받아들이기에 충분하다. 지금은 직장생활에 대한 개념도 빠르게 변화하고 있다. 현실의 변화를 평생직장이 없다는 원망으로 안주할 것이 아니라, 현명하게 대처하고 있는 것일지도 모른다. 그래서 지금은 이직이나 승진에 필요한 경력을 쌓기 위해 책을 쓰려고 노력하는 것이 지극히 당연해 보인다.

이쯤에서 필자가 여러분 모두에게 전달해주고 싶은 메시지는 '성장'이라는 단어다. 대부분의 사람들은 성공을 꿈꾼다. 그리고 성공을 부르짖는다. 그러나 지금 이 책을 읽는 독자들은 지금부터라도 성장이라는 말에 의미를 부여하기 바란다. 성장이라는 말은 성공을 못한 것에 대해 위로하거나 후퇴하는 말이 결코 아니다. 오히려 더 큰 그림으로 가기 원한다면, 성공보다는 성장의 기간이 더 길고 뜻깊은 시간이 되어야 할 것이다. 예를 들어, 회사에서 직급이 높은 사람이 될 수 있는 것은 소수에 불과하다. 그런데 그것을 마치 인생에서도 성공인 것처럼 생각하는 것은 자신에게 큰 도움이 되지 못한다. 직장에서의 승승장구가 자신의 인생을 더 윤택하게 하는 것은 맞지만, 그것이 전부인 양 오만해지면 안 된다. 그 분야에서나 회사에서는 전문가가 되었지만, 다른 분야에서는 부족한 경우도 많기 때문이다.

이제 성공과 스펙을 외치던 시대는 지났다. 지금은 시대와 세대가 바뀌었다. 의식 수준도 바뀌었다. 예전처럼 생각해서는 발전할 수 없다. 그런 의미에서 지금의 직장인들은 자신의 현재 강점이나 잠재적인 역량을 통해서 커리어와 스킬을 부단히 성장시켜야 한다. 결국 회사에서 나오면 아무것도 남지 않거나, 그 부분만 아는 우물 안 개구리가 되지 않기 위해서라도 말이다.

성공은 그 시점에서의 성공이라서 산 정상의 의미이지만, 성장은 산등성이가 계속 이어지는 산맥을 의미한다. 그렇게 끝이 없는 것이 성장이다. 우리는 그 산맥의 능선처럼 평생 동안 성장해나가야 한다고 생각한다. 우리 인생에서 영원한 정상은 없다. 다시 내려와야 하기 때문이다. 그래서 성공만 추구하는 사람이라면 잠깐의 성공 후에 허무함을 느낄 수 있다.

결국 인생은 길고 긴 마라톤의 여정이다. 엎치락뒤치락하며 서로 성장하는 것이 인생이다. 그런 면에서 책 쓰기는 '성장'과 매우 잘 어울리는 자기계발이며, 인생의 필수 과목일 것이다. 책을 써서 반드시 인생의 반전을 이룰 거라고 생각하지는 않는다. 그러나 최소한 책을 쓰면서 훨씬 더 자신의 스킬을 잘 알게 될 것이며, 더욱 성장해나가는 방법을 알게 될 것이다. 앞으로 나아가는 길이 내가 생각했던 나의 발걸음에서 변경될 수도 있다. 그러나, 당신은 지금 경험과 스킬을 연마했으며, 충분한 성장을 이루었다는 점에서 책 쓰기는 큰 의의가 있다. 나의 생각과 고민을 논리적으로 정리하는 연습을 한 것으로 이미 당신은 성장하고 있는 것이다. 그것이 바로 책 쓰기이며 인생이다.

지금 자신의 회사 명함에서 주는 안심과 혜택에서 벗어나보자. 자신이 앞으로 평생 살 동안의 경쟁력을 키우기 위해 어떤 것들이 필요할지에 대해 고민해보고, 그것을 책 쓰기와 연관시켜보자. 처음부터 베스트셀러가 아니고 유명 작가가 아니어도 좋다. 브랜딩과 성장은 그렇게 조금씩 완성되어간다. 신인배우의 경우를 예로 들어보자. 한 드라마를 통해 하루아침에 스타가 되었다고 하더라도, 꾸준한 연기력과 인성, 겸손함이 갖추어지지 않으면 결국 자기관리가 안 되어 금방 잊혀지는 반짝스타로 남게 될 것이다. 반면, 꾸준하게 조연으로 출연하면서 자신을 성장시키거나 대학로 연극 무대에서 내공을 쌓은 배우는 다르다. 스타가 되어도 자기관리와 지속성을 가질 수 있는 가능성이 높아지는 것이다. 그것이 커리어 성장이며 스킬이다. 여러분도 남들과 다른 자신만의 내공을 가진 스테디셀러 배우가 되길 바란다. 대체 불가의 전문가, 경쟁력 있는 전문가가 되는 데 책 쓰기가 큰 역할을 할 수 있을 것이다.

결국, 지금은 성공이나 스펙보다 자신의 커리어에 대한 성장을 더 해야 한다. 직장에서 퇴직하더라도 계속해서 내가 해낼 수 있는 스킬이 중요시되는 시대가 되었다. 그것은 더 이상 예전의 학력 및 직장 위주의 시대가 아닌, 나 자신을 좀 더 단련시켜서 이 시대를 살아갈 수 있는 자신만의 힘을 키워야 한다는 것을 의미한다. 회사에 입사할 때 그랬듯이, 이제는 직장 내에서도 인생의 후반기를 살기 위해서 경쟁력을 키워야 한다. 단순히 좋은 대학을 나오고 학점과 외국어 성적이 좋은 신입사원을 원하지 않는다. 회사에서 일을 잘할 수 있고 잘 적응할 수 있는 사람, 회사가 원하는 인재상에 맞는 사람을 선발하기 위해 노력하는 시대다.

이런 모든 시대 상황을 고려해보면, 현재의 3040세대는 책을 쓰면서 자신의 경쟁력을 압도적으로 만들어야 할 것이다. 다시 말하자면, 조직은 개인을 언제까지 먹여 살리지 않는다는 것이다. 그리고 그 회사는 내 것이 아니라 잠시⑦ 내가 근무하는 조직인 것이다. 그렇게 내 것이 아니지만, 내 회사처럼 최선을 다해야 하는 것이 직장인의 숙명이다. 지금부터라도 책을 써서 조직 내에서 나의 경쟁력을 발전시키고, 외부에서 기회가 될 수 있는 수익모델을 만들어간다면 몇 개의 명함이 생길 수도 있다. 나의 문제해결력을 보여주면 어디선가 연락이 올 것이고, 독자들로부터 이메일을 받게 될 것이다.

다시 말하지만, 필자는 남들보다 좀 더 이른 나이에 바쁜 시간을 쪼개어 책을 써야 한다고 생각한다. 그 나이대가 30대 후반에서 40대 초반이다. 책을 쓰기로 마음을 먹고, 나의 커리어와 스킬에 대해 진지하게 고민해보자. 만약에 아무리 생각해도 잘 떠오르지 않는다면, 시간을 내서 자신의 주위에 있는 친한 친구나 지인 등에게 자문해보는 것도 좋을 것이다. 어떻게 하면 자신의 커리어와 스킬을 극대화시킬 수 있을지 계속 물어보라. 답은 가까운 데 있을 수 있다.

회사 업무 시간에는 나의 역량을 최대한 효율적으로 발휘하고, 퇴근한 이후에는 내가 진짜로 원하는 것이 무엇일지에 관한 생각을 꾸준히 하길 바란다. 그 방향으로 지속적인 자기계발이 된다면 회사 내에서 승진을 좀 더 빨리 할 수도 있고, 더 좋은 조건으로 이직할 수도 있다. 대학원에 진학해 더 공부를 해서 나의 가치를 높일 수도 있다. 책을 쓰면서 나를 전국에 알릴 수도 있다. 대학원에 진학해 졸업하면 학위가 주어지면서 주위 사람들만 알게 되지만, 책을 쓰면 전국에 있는 사람들이 관심을 갖게 될 수 있다. 그렇기에 자신의 장점과 지식, 그리고 경험을 활용해 무엇을 그들에게 알려줄 수 있는지 생각해보라. 이 과정들이 큰 성장이 될 것이라고 확신한다.

성공과 성장

성공은 단순히 목적하는 바를 이루는 것이고, 성장은 인간이 지속적으로 노력해서 자신의 몸집과 가치를 점점 키우는 것이다. 필자가 생각하는 큰 차이점은 성공은 어느 시점이 되면 거기서 끝이 나지만, 성장은 인생을 살면서 계속된다는 것이다.

스펙과 스킬

스펙은 학력, 경력, 자격증 등의 조건을 갖추고 그 자리에 있는 반면, 스킬은 지속적으로 그 분야의 경쟁력을 가지기 위해 기술을 연마하는 것이라고 할 수 있다.

결국 성장과 스킬은 성공과 스펙보다 위대하다. 그래서 우리는 이 의미를 깨닫고 그 단어에 방점을 찍고 인생을 살아갈 필요가 있다. 그것은 토끼와 거북이의 달리기 경주와 비슷한 효과를 낼 수 있으리라 확신한다.

관종에서
인플루언서가 되는 시대

백과사전을 찾아보면 '관종'은 관심을 받고 싶어하는 욕구가 지나치게 높은 병적인 상태를 말한다. 타인에게 관심을 받을 목적으로 인터넷 게시판에 글을 작성하거나, 이목을 끌 만한 사진이나 영상을 올리기도 하는 사람이나 행위를 뜻한다. 반면, '인플루언서'는 일반적으로 사회에 미치는 영향력이 큰 사람을 의미하며, 구체적으로는 인스타그램이나 유튜브 등 SNS상에서 수십만 명의 구독자를 보유한 SNS 유명인을 뜻한다.

우리가 좀 더 많은 사람들에게 관심받고 싶다면, 내가 가진 실력을 키우면 된다. 그러면 자연스럽게 영향력이 커진다는 사실을 기억하기 바란다. 그런 면에서 책 쓰기는 영향력을 키우는 데 꼭 필요한 기본 수단이다. 연예인들은 자신의 얼굴을 TV에 노출함으로써 자신의 영향력을 펼치지만, 교수나 전문가들은 자신의 지식을 책을 통해 펼치는 경우가 많다. 기업의 CEO나 임원들의 경우도 자신의 업적과 영향력을 키우거나, 자신의 회사를 홍보하기 위해 책을 쓴다. 그 책을 통해 나의 존재를 알리고 그 책이 많이 팔린다면 자신의 영향력이 더 커질 것이다. 그런 후에는 자신의 영향력을 더 확장시킬 수 있는 TV, 라디오, 유튜브 출연을 통해 시너지 효과를 내기도 한다.

책 쓰기는 아주 오래전부터 나를 인정받을 수 있는 최고의 수단이었음이 확실하다. 지금도 그렇지만 지식인이라면 수십 년 전에도 책을 쓰는 것은 당연했다. 그러나 자기계발 책의 전성 시대가 된 이후에는 최고의 지식인이 아닌, 일반인들도 책을 쓰기 시작했다. 그리고 일반인들도 책을 쓴 순간부터는 지식인의 반열에 올라설 수 있게 되었다. '관종'이라는 단어는 관심을 받고 싶은 사람을 일컬어 비하하는 뜻인데, 그 말속에는 능력도 없는데 관심만 받고 싶은 사람이라는 속뜻이 들어 있다. 그래서 우리는 관종이 아닌, 진정한 영향력이 있는 사람으로 거듭나야 한다. 그러기 위해서는 사람들이 나를 인정하고 나를 찾아오도록 해야 한다. 그런 의미에서 책 쓰기는 인플루언서가 되는 첫걸음이자 기본이 될 것이다.

우리는 관종이 아니라 실제적인 영향력을 가진 사람이 되어야 한다. 그러기 위해서는 SNS를 키워가거나, 책을 출간하는 방법이 가장 일반적이다. 그래서 많은 사람들이 유튜브나 책 출간으로 실행하고 있는 것이다. 만약, 우리가 이 영향력을 가지게 된다고 느끼게 되는 시점이 되면 비즈니스에 대한 흥미도 증가되고 수익도 증가될 것이다. 한 방향으로 영향력을 키우기 위해 지속해서 노력하고 도전해야 한다. 그러다 보면 언젠가 폭발적으로 성장하는 시기가 도래할 시점이 올 것이다. 그때부터는 내가 노력하는 것보다 몇 배의 효과가 나타나고, 대중들이 나를 팔로워하는 숫자도 훨씬 늘어날 것이다. 결국 나의 영향력도 안정적으로 자리잡게 될 것이다.

예를 들어, 블로그에서 좋은 글을 발행하다 보면 매일 방문자 수가 늘어나고 서로이웃이 늘어난다. 그리고 그 영향력은 그가 쓴 글을 통해 점점 더 파급력을 갖게 한다. 인스타그램의 경우에도 팔로워가 몇만 명 정도 된다면 그 영향력이 상당하다. 유튜브의 파괴력은 훨씬 더 대단하다. 블로그나 인스타그램은 닉네임인 경우가 많지만, 책을 쓴 저자나 얼굴이 나오는 유튜버의 경우, 그 영향력과 파급력은 훨씬 더 크다. 어딜 가든 이름이나 얼굴을 통해 알아볼 수도 있고, 오래전에 연락이 끊겼던 친구나 지인에게서 연락이 올 수도 있을 것이다. 자신의 책을 쓰는 것은 기본적인 영향력을 증대하고, 전문성을 보여준다. 그리고 유튜브를 통해 확장되어 좀 더 직접적으로 독자들을 만나게 되는 것이다. 책과 유튜브는 글자와 영상으로서 대중들과 만날 수 있는 이 시대의 최고의 메신저이자, 대세 트렌드다. 결국 이 둘은 상호보완적인 관계. 책을 쓰고 나서 유튜브를 해도 좋고, 유튜브를 하고 있는 사람이 책을 써도 좋을 것이다. 영향력을 키우기 위해서라면 수단과 방법을 다양화해야 한다.

책은 몇 권 판매되느냐도 중요하지만, 저자의 영향력과 명예를 높여줄 수 있는 도구라는 측면에서 더 소중하다. 책은 저자를 전문가로서 확고하게 자리 잡게 해줄 수 있다. 그래서 많은 전문가들이 도전하고 있고, 전문가가 아니었던 사람들도 도전하는 것이다. 책은 전문가에게 더 좋은 이미지와 영향력을 갖게 해주고, 전문가로 발돋움하고 싶은 사람은 전문가의 길로 접어들게 해준다. 기존에 명성이 있는 대통령, 국회의원, 교수, 기업가, 기업 임원도 자신의 이미지를 더 좋게 하고 영향력을 더 미치기 위해 책을 쓰고 노력한다. 이런 점을 볼 때 아직 영향력이 부족한 평범한 예비 작가는 책을 써야 할 이유가 몇 배는 더 많은 것이다.

예비 저자인 내가 아직 전문가가 아니라서 부와 명예를 갖추지 못했다고 해도 좌절하지 말아야 한다. 오히려 그것이 책을 쓰는 이유가 될 것이기 때문이다. 오히려 그들보다 점프할 수 있는 탄력이 더 커서 더 많은 성과를 이루어낼 수도 있다는 점을 기억하기 바란다. 원래 유명했던 한 분야의 전문가가 80만큼 유명했는데 20을 더해서 100을 이루어내는 것보다 아직 덜 유명한 전문가가 책을 출간해서 40의 영향력에서 40의 영향력을 발휘하게 되어 80이 되었을 때, 훨씬 더 성장하고 발전된 본인의 모습을 볼 수 있을 것이다.

지금 우리가 사는 시대는 강한 자만이 살아남는 세상이다. 단순히 경제적인 부분뿐만 아니라, 지식이나 사회 전반적인 부분까지도 양극화는 점점 더 심해지고 있다. 가진 사람이 더 가지는 세상, 그것이 오늘의 세상이다. 결국 누가 더 많은 정보를 빠르게 습득하느냐, 그리고 내가 얼마나 많은 사람들에게 영향력을 발휘하느냐의 문제다.

인플루언서가 되는 과정은 지속적이고 꾸준한 단련 외에는 방법이 없다. 러닝머신에서 일정한 속도로 계속 뛰듯이 활동을 해야 하는 것이다. 그것은 블로그, 인스타그램, 유튜브를 조금만 해보면 잘 알 수 있다. 매일 나무에 물을 주듯이 자신의 영향력은 계속 애정과 관심을 가졌을 때 어느 순간 성장해 있는 것이다. 인플루언서가 되는 여러 방법이 있겠지만, 가장 근본적인 마음가짐은 꾸준함이다. 그리고 그것이 되기 위한 기본적인 방법은 책을 출간하는 것이라 생각한다.

여러분은 현재 어떤 SNS를 매일 꾸준히 실행하고 있는가? 어느 순간 갑자기 신문 기사에 나거나 잡지 인터뷰, 유튜브에 출연하는 것은 매우 드문 일이라는 사실을 기억하자. 매일매일의 조금씩 축적되는 자신의 노력과 그것으로 단단하게 다져지는 내공이 모여 더욱더 강한 나를 만들 것이다. 그것이 멀리서 관심만 가져주기를 바라는 관종 계층에서 상위 인플루언서가 되는 지름길이다. 상추에 관심도 주지 않으면서 그것이 잘 자라기를 바라는 건 아닌지 자신을 되돌아볼 필요가 있다. 영향력은 하루아침에 만들어지지 않는다. 기본기를 갖추고 꾸준히 여러 방향을 통해 지속해야 한다. 식지 않는 열정과 의지를 통해 지속해서 진행되어야 한다. 가끔씩 상추에 물을 주며 잘 크기를 바라는 관종에서 매일 꾸준히 잘 자랄 수 있도록 도와주는 상위 1%의 영향력 있는 인플루언서가 되기를 진심으로 바란다.

책을 쓰기 전에, 내가 책을 쓰는 이유가 무엇인지 잘 생각해보아야 한다. 직장에서 승진이나 이직이 목적인지, 개인 브랜딩으로 수익이나 강의가 목적인지, 나의 가게에 대한 홍보 목적인지, 개인이 처한 상황에 따라 다른 목적을 가지고 있을 것이다. 그리고 그것에 따라 여러분의 책 쓰기 방향이 달라져야 하는 것은 당연하다. 여기서 한 가지 중요한 점은 과거의 지식과 경험을 토대로 쓰더라도 미래에 대한 연관성이 있어야 한다는 것이다. 과거와 현재, 그리고 미래가 연결되어야 할 것이다. 그것은 앞으로의 나의 영향력과도 연관될 것이기 때문이다.

책 읽어주는 유튜버
- 겨울서점 23만 명
- 책한민국 30만명
- 책데이트 13만 명
- 책읽어주는 Lunar Pulse 17만 명
- 따듯한 목소리 현준 45만 명
- 책읽는 다락방J 24만 명

금수저가 될 수 있는
무자본 투자

최근 몇 년 전부터 흙수저, 은수저, 금수저라는 말이 유행처럼 번지기 시작했다. 예전에는 개천에서 용⑺이 날 수 있었는데, 이제는 그럴 가능성이 점점 줄어든다는 의미로 많이 쓰인다. 부가 세습되고 계층이 세습된다는 뜻이다. 20여 년 전에 출간된 《부자 아빠 가난한 아빠》라는 로버트 기요사키(Robert Toru Kiyosaki)의 책이 유행처럼 읽히기 시작했고, 8년 전부터 엠제이 드마코(MJ DeMarco)의 《부의 추월차선》이라는 책이 베스트셀러가 되었다. 가능성은 누구에게나 열려 있으나, 계층 사다리의 차이를 극복하기 위해 노력하는 사람만이 자신의 수저 색깔을 바꿀 수 있는 것이다. 반면, 흙수저의 발목에 붙잡혀 있거나 체념하고 있는 사람은 결국 흙수저나 은수저로 머물러 있을 수밖에 없다는 것이다.

인생을 역전시킬 수 있는 방법에는 여러 가지가 있다. 그중에 어떤 것을 도전해야 할지 생각해본 적이 있는가? 그렇다면 지금 여러분은 어떤 인생 역전을 실행하고 있는가? 우리는 로또, 가상 화폐 등 확률이 낮은 것보다는 확률이 높으며 나의 노력으로 실현 가능한 무언가를 이루어내야 한다. 그래야 가능성도 높이고 성취의 보람도 느낄 수 있다. 어떤 방법으로 나의 수저 색깔을 다르게 바꿀 수 있을 것인지 심각하게 고민해볼 필요가 있다. 대부분의 직장인들과 자영업자들의 경우, 본업과 재테크 정도에 신경 쓸 확률이 높다. 현실적으로 바쁘기도 하고, 다른 것에 신경 쓸 여유가 없기 때문이다. 그런데 그것만 가지고는 부의 계층 순위⑦를 지속적으로 상승시키기 어려울수도 있다.

인생을 역전시킬 수 있는 여러 방법 중에 책 쓰기는 가장 오래전부터 인생을 한 단계가 아닌, 몇 단계 성숙시키고 성장시키는 수단이라고 생각한다. 이 방법은 재테크나 창업과 달리 물질적인 측면 외에도 내면이 성장한다는 장점이 있다. 반면에 당장의 금전적인 효과는 재테크나 창업 등에 비해 효율이 떨어질 수 있다. 그러나 장기적으로 수저 색깔을 바꿔나갈 수 있는 든든하고 기본적인 토대가 될 것이다. 책을 출간함으로써 직장생활, 재테크, 사업 등의 크기는 몇 배로 더 커질 수 있기 때문이다.

책 쓰기는 자본금이 필요 없는 투자다. 시간과 노력만 투자하면 된다. 다른 어떤 자기계발보다도 투자 대비 수익률이 높을 수 있다. 그래서 책을 쓰는 것은 로또를 사는 것보다 수천 배는 더 확률 높은 게

임이다. 단언컨대, 책을 쓰고 나면 세상을 살아가는 자신감이 생길 수 있다. 그리고 그 책이 나의 등대가 되어주고 나침반이 되어줄 것이다. 이제 나의 명함 대신 책 한 권을 가지고 다닐 수 있는 것이다. 그것은 나를 증명하고 입증하는 소중한 무기가 될 것임이 분명하다. 이토록 많은 혜택과 기회를 주는 책 쓰기를 무자본으로 시작할 수 있다는 것에 감사해야 한다. 자본금이 없는 대신, 자신의 지식과 경험이 그것을 대체하는 것이다. 그리고 그것이 부의 추월차선으로 가는 길을 열어줄 것이다.

예전에는 책 출간이 이미 유명해지거나 성공한 사람들만의 전유물이었다. 작가이거나 재벌 회장, 유명인 의사, 회계사, 변호사, 대학교수 등 대체로 이미 어느 정도 이루어놓은 상태에서 한 단계 더 업그레이드시키기 위해 책을 썼던 것이다. 그러나 점점 세상은 바뀌었고, 에세이나 자기계발서 분야에서 많은 일반인들이 책을 쓰기 시작한 지 오래다. 그것이 이제는 너무나 일반적인 현상이 되었다. 일반 블로거의 경우에도 예상치 못하게 출간 제의를 받기도 하고, 브런치 글을 연재하면서 출간 제안을 받기도 한다. 남들보다 조금 더 나은 경제 지식을 통해 글을 썼던 블로거가 경제·경영 서적을 내기도 하고, 유명 유튜버가 책 출간을 의뢰받아서 출간하기도 한다.

책은 지금 당장 나에게 기회를 주고 부의 지름길을 안내해줄 수도 있다. 또한, 몇 년 후에 역주행을 통해서 나를 알아봐줄 수도 있다. 실제 유명 작가 중에서는 무명 기간을 10년 이상 거치면서 내실을 다지고 그 후에 수십만 부 이상 판매를 기록했던 작가들도 있다. 그 비결은 간절함이었다. 내가 지금의 직장에서 공허함을 느끼거나 위기가 닥치기 전에 무자본 투자인 책을 써야 한다. 또한, 사업 확장이 잘 안 되거나, 경력이 단절되어 다시 나의 길을 찾으려고 할 때 책을 써야 한다. 결국 책을 통해 강사, 컨설턴트, 사업가, 이직, 스카우트 등을 가장 빠르게 이루어낼 수 있다. 결국 여러분들이 다른 분야의 도전과 연관시킬 수 있고, 내면적인 가치를 성장시키는 무자본 투자는 책 쓰기다. 금수저가 되기 위한 필수 조건이 되고, 나의 팬덤이 형성될 수 있으며, 많은 사람들의 존경까지 받을 수 있다.

그래서인지 몰라도 책을 한번 써본 사람은 두 번째, 세 번째 책을 계속 쓰려고 한다. 처음 쓰려고 할 때는 어렵고 힘들 수 있다. 그러나 완성되었을 때는 성취감과 보람을 느낄 수 있기 때문일 것이다. 책을 세상에 출간한다는 것은 나를 세상에 알리고, 내가 그 분야의 전문가임을 밝히는 것이다. 그래서 저자에게는 많은 기회들이 찾아올 수 있고, 두 번째 명함이 될 수 있다. 물론 한 권의 책만으로는 갑자기 유명해지지는 않을 가능성이 높다. 왜냐하면 어느 분야든 나보다 앞서간 전문가와 저자가 분명히 존재할 것이기 때문이다. 그렇기 때문에, 하루라도 빨리 그 분야의 전문가가 되기 위해서는 먼저 책을 써야 나에게 유리한 상황이 만들어지는 것이다.

최근 부동산이나 주식에 관한 책들이 많이 출간되고 있다. 이 역시 자신이 그 분야에서 탁월하다는 것을 부각시키려는 의도가 강하다. 그리고 그것은 그를 더더욱 강하게 만들고 부를 더 창출할 수 있게 해준다. 결국 그들을 금수저로 이끌어주는 강한 힘이 되어준다. '기 - 승 - 전 - 책 출간'일 수도 있고, '책 출간 - 기 - 승 - 전'일 수도 있다. 그러나 한 가지 분명한 점은 금수저가 되는 데 있어서 책 출간은 당연한 과정이라는 점이다.

의사나 변호사들도 책을 내는 경우가 많아지고 있다. 전문직이라서 안정적 수익이 보장될 것 같지만 생태계는 절대 그렇지 않다. 전문직도 방심하는 순간, 수입의 격차는 점점 벌어지게 된다. 그래서 스스로 홍보함으로써 자신을 알리는 것이다. 이들은 평범하지 않은 전문가지만, 그 속에서도 경쟁이 치열하다는 사실을 알게 된다. 그리고 그 분야에서 최상위 전문가가 되기 위해 경쟁하고 있는 것이다. 결국 모든 분야에서 부가가치를 높이려면 책 쓰기를 통해 자신의 역량을 확대·재생산하려고 노력해야 한다. 금수저가 될 가능성이 큰 전문가들도 쓰고 있다. 그런데, 그보다 더 불안정한 직장인은 당연히 책을 써서 다른 재테크 수단들과 시너지 효과를 내야 하지 않겠는가?

거듭 말하지만 책 쓰기의 가장 큰 장점은 무자본이라는 점이다. 자본금이 없이 자신의 지식과 경험으로 이렇게 많은 기회와 부가가치를 창출할 기회를 주는 것은 책 쓰기가 가장 대표적이다. 그리고 책은 국립중앙도서관이나 국회도서관에 소장되며, 나의 자존감과 성취감을 높여준다. 옛날 옛적 팔만대장경처럼 수백 년 전의 기록물이 지금도 남아 있듯이, 내 책이 수백 년 후에 남아 있을 거라 생각하면 가슴

벅차지 않은가! 감격스럽지 않은가? 더군다나 지금 현재 나에게 부와 명예를 가져다줄 수 있는 디딤돌이 되어주고 무자본으로 도전할 수 있으니 이보다 더 좋을 수 없다.

　유명 작가들의 인터뷰나 글을 보면 인생이 순탄하게 진행되면서 책을 쓰기도 하지만, 너무 힘들거나 절박할 때 글이 잘 써졌다고 이야기하는 걸 자주 볼 수 있다. 결국 그들은 그 시간이 나에게 책을 쓸 기회를 주었다고 고마워한다. 그들은 펜과 원고지, 또는 노트북 하나로 글을 쓰며 계속 성장했다. 그리고 어느 순간 그 분야의 전문가 반열에 오르게 된 것이다. 전문가가 되기 전에 독자들에게 좋은 글과 책을 통해 정보와 감동을 제공하고 있었던 것이다.

　우리가 흔히 말하는 자아성찰, 통찰력은 어디에서 올까? 그것은 살면서 위기가 닥치거나 포기하고 싶을 때 자연스럽게 찾아온다. 절박한 사람의 책에서는 깊은 내공의 향기가 난다. 글쓰기가 나의 마음과 영혼을 치유해서 글을 쓴다고 하는 것을 본 적이 있을 것이다. 그 하루하루의 느낌을 적으면서 한 가지 주제에 관한 책을 쓸 역량을 키워나가면 된다. 흙수저나 은수저를 금수저로 만들어주는 돈이 들지 않는 투자, 그것이 책 출간이다.

흙수저가 성공하는 키워드 6가지

책, 블로그 글쓰기, 유튜브, 재테크, 사업, 꾸준함

흙수저가 성공하기 위해서는 꾸준함이 무엇보다 가장 중요하다. 책을 꾸준히 읽고, 책에서 얻은 통찰력을 블로그에 꾸준히 정리하면 재테크와 사업을 잘할 수 있는 역량과 아이디어를 자연스럽게 쌓을 수 있다. 이러한 역량과 아이디어는 마케팅 창구인 유튜브와 블로그를 만나 흙수저도 성공하게 만들어준다.

독일의 철학자 니체(Friedrich Wilhelm Nietzsche)는 모든 위인의 성취가 열정적 진득함이라고 했다. 《그릿》의 저자 펜실베니아 교수 엔젤라 더크워스(Angela Duckworth)는 10년간의 연구 끝에 성공의 공식을 찾아냈다. 그것은 끝까지 해내는 것이라고 밝혔다. 그렇다. 성공의 비결은 꾸준함이다. 단번에 잘될 수는 없다.

\- 김도형(숙주나물), 《부동산 투자 필승공식》, 더스, 2021 중에서

화이트칼라에서
골드칼라의 시대로

우리 사회는 농업 중심의 1차산업, 제조업 중심의 2차산업을 거쳐 3차산업인 서비스업의 시대를 지나쳐왔다. 그리고 지금은 바야흐로 지식 플랫폼 산업이나 게임산업 등이 활발해진 4차산업 시대의 성숙기로 접어들고 있다. 그것은 다시 말해, 반짝이는 아이디어와 혁신이 중심이 되는 지식산업이다.

대가족의 농경사회에서는 배산임수의 평야 지대 중심으로 사람들이 모여들었고, 1970~1980년대 경공업이나 중화학 공업의 시대에는 굴뚝 있는 공장이 많은 인천 남동공단이나 울산 자동차 공업도시로 모여들었다. 그리고 1990년대 이후에는 사무직 위주 그리고 금융, 보험, 여행, 숙박 등 사회 전 분야에서 서비스업이 각광받는 시대가 되었다. 그리고 어느덧 20여 년이 훌쩍 지난 지금은 지식산업이 새롭게 우리 사회 깊숙이 파고들었다. 이제는 넥타이를 매지 않고 자유로운 캐주얼 복장으로 출근하는 직장인이 많아졌고, 시간을 탄력적으로 근무하는 골드칼라의 시대가 된 것이다. 또한, 아이디어 하나로 그의 가치가 인정받는 시대가 되었다. 이제는 시간에 얽매이지 않아도 되며, 자신만의 혁신과 아이디어를 회사나 소비자들에게 제공하면 되는 시대가 되었다는 뜻이다.

그럼 우리는 이러한 사회적 변화 속에서 어떤 방향으로 나아가며 성장할 것인가 고민해보아야 한다. 그것은 바로 내가 골드칼라가 되어야 한다는 것이다. 골드칼라란, 지식산업 사회의 연장선상으로 볼 수 있다. 즉, 두뇌와 정보로 새로운 가치를 창조해서 정보화시대를 이끌어가는 능력 위주의 전문직 종사자인 것이다. 적성에 맞는 분야에서 반짝이는 아이디어로 무장하고 자발성과 창의성을 발휘해 새로운 가치를 창조하는 사람들이다. 화이트칼라 시대에 중시되던 것이 학력, 경력, 자격증이었다면, 골드칼라의 시대에는 편리와 즐거움을 줄 수 있는 금빛 아이디어가 중시된다. 다시 말해, 그것은 문제해결 능력일 것이다.

지금은 편리를 제공하는 네이버, 카카오 등의 플랫폼, 그리고 즐거움을 제공하는 게임산업, 신약 위주의 제약 바이오 산업 등 다양한 연구개발 위주의 지식산업 시대가 되었다. 사회에서 요구하는 능력도 시대를 지나오면서 많이 달라졌다. 창의성을 중시하고, 연구 개발에 대한 고부가가치를 중시하게 된 것이다. 하나의 연구개발을 통해 문명의 이기(利器)를 만들고, 사람들에게 편의를 제공하는 기업들을 통해 시대는 계속 발전해가고 있는 것이다.

삼성의 이건희 회장이 30여 년 전에 '삼성 신경영'에서 강조했던 것은 '10년 후 우리는 무엇을 먹고살 것인가?'였다. 그리고 우수인재 1명이 10만 명을 먹여 살릴 수 있다는 '핵심인재 경영'이 그 중심이었다. 그것이 30여 년 전 국내에서는 이미 최고 기업이었던 삼성을 지금의 글로벌 초우량기업으로 발돋움하게 한 것이다. 그것이 바로 '삼성의 신경영 핵심인재 경영'인 것이다. 지금도 삼성은 위기를 극복하는 힘이 있다. 그것은 바로 초엘리트적인 아이디어를 가진 인재들의 힘일 것이다. 그것이 지금의 우리 개인에게도 필요한 것이라고 생각한다. 계속 기회를 만들어내고 위기를 돌파할 수 있는 획기적인 혁신이 필요하다. 이제는 누구나 아이디어를 내야 하는 시대인 것이다. 그래야 삼성처럼 지속해서 성장할 수 있다.

필자가 대학 1학년 때 IMF 금융위기가 발생했다. IMF 금융위기 이전에는 대학 입학원서에 소개된 취업률이 대부분 80% 이상이었던 것으로 기억한다. 그만큼 일정 수준의 학점과 대학 졸업장으로 취업과의 상관관계가 보장되었다는 뜻이다. 대학 입학이 그 사람의 취업을 어느 정도 보장했다. 그리고 대학 졸업 이전에 일정 수준의 학점이나 스펙을 가지고 있다면 취업원서를 받거나 교수님의 추천으로 취업할 수 있었던 시대였다. 그러나 필자가 대학을 입학한 1년 후부터 세상은 180도 변하게 되었다. 캠퍼스의 잔디밭에서 친구나 선배들과 어울리고, 학과 공부를 어느 정도 하면 취업이 되던 시대가 더 이상 아니었다. 낭만과 안정보다는 현실과 도전이라는 단어가 더 어울리는 시대가 된 것이다. 이제는 혁신기업처럼 개별적인 실력이나 역량이 더 중요해지는 시대가 된 것이다. 그것은 점점 더 가속화되었고, 지금도 계속되고 있다. 자신의 능력 개발을 위해 어학연수와 인턴 경험을 하고 자신의 나아갈 방향에 대한 고민을 했듯이, 직장인이 되어서도 그 고민은 자기 계발을 통해 계속되어야 한다.

이렇게 취업 시장도 변화했듯이, 화이트칼라의 전성시대도 지금은 골드칼라의 전성시대로 변화하게 된 것이다. 반도체, 바이오, 인터넷, 게임 등 지금 주식 시장을 대표하는 우리나라의 대표업종들을 보면 시대가 달라지고 있음을 알 수 있다. 또한, 연구 개발하는 기업이나 창의적인 벤처기업들이 얼마나 유망기업으로 발전했는지 알 수 있다. 성장 산업이 바로 골드칼라인 것이다. 세상은 지금도 변화하고 있다. 그래서 시대의 흐름을 빠르게 파악해야 한다. 지금 이 시대는 정보가 너무나 많아졌고, 그 정보에 따른 양극화와 쏠림 현상이 심해지고 있다.

내가 가진 빛나는 아이디어로 승부하거나 내가 가진 장점을 극대화할 수 있는 것을 찾아야 한다. 그리고 그것을 발전시켜서 골드칼라의 길로 접어들어야 한다. 남들과 대충 경쟁해서 버티는 시대가 아니라 온리 원(Only One)으로서 내가 가진 역량을 펼쳐보여야 한다. 그랬을 때 나의 가치는 더 높아지게 될 것이다. 화이트칼라의 시대에는 조직 안에 머물러 있었고 그 안에서 연공서열의 흐름에 따라 나 자신에 대해 만족할 수 있었다. 그러나 지금은 조직 안에 있든 프리랜서든 빛을 발휘해야 하고, 차별화된 경쟁력을 가진 골드칼라로서 자리매김해야 한다.

이제는 조직 내에서 나 자신을 숨기는 시대가 아니다. 완성된 자동차의 하나의 소중한 부품으로 사는 것도 편할 수 있지만, 나 자신이 작은 바퀴든 큰 바퀴든 혼자 굴러갈 수 있는 존재가 되어야 한다. 더 이상 온실 속의 화초처럼 지냈던 화이트칼라에 머물지 말고, 어디에서든 홀로 빛을 낼 수 있는 골드칼라의 길로 접어들기를 바란다. 그런 노력이 있을 때, 누구나 꿈꾸는 경제적 자유나 디지털 노마드의 길로 가는 것도 좀 더 자연스러워질 것이다.

골드칼라가 되기 위해 적성에 맞는 분야에서 창의적인 아이디어를 내는 방법과 구체적인 실행계획을 세워보기 바란다. 지금은 내 의지대로 살아갈 수 있는 골드칼라의 시대다. 한 분야에서 가치를 높여나간다면 나 자신에 대한 부가가치는 당연히 올라갈 수 있다. 결국 인생은 내 가치를 높여나가는 긴 마라톤의 여정이다. 치열한 고민 없이 성장할 수는 없다. 아무리 롤모델이 있더라도 자신에 대한 성찰과 자신의 아이디어가 없다면 한계점에 이르게 될 것이다. 자신이 그만큼의 자리에 오르고, 그 가치에 이르려면 자신에게 더 혹독한 단련을 요구해야 한다. 그것이 골드칼라로 가는 빠른 길이 될 것이다. 누구나 골드칼라가 될 수 있지만, 아무나 골드칼라가 될 수 없음을 기억하기를 바란다.

골드칼라의 대표적 인물로는 마이크로소프트사의 빌 게이츠(Bill Gates)나 고(故) 스티브 잡스(Steve Jobs), 영화감독 스티븐 스필버그(Steven Spielberg)를 들 수 있다. 그 외 만화가, 컴퓨터 프로그래머, 그래픽 디자이너, 신상품 개발자 등이 골드칼라에 해당한다. 이렇게 세분화된 직업군별 색 구분은 시대 변화를 반영한다. 이전 시대를 대표하던 직업군으로 단순 육체노동자 블루칼라와 정신노동자 화이트칼라가 있었다면, 최근에는 아이디어와 지식으로 가치를 창조하는 전문가 골드칼라가 떠오르고 있는 것이다. 또한 창의적이고 자발적인 사고로 높은 성과를 내야 하는 현 산업구조에 비추어 21세기 인재상으로 꼽히고 있다.

또한 골드칼라보다 한 단계 위 계층을 의미하는 단어도 있다. 그것은 바로 다이아몬드칼라다. 골드칼라가 금처럼 빛나는 아이디어를 갖고 경제적 가치를 창출하는 직업군을 의미하는 반면, 다이아몬드칼라는 골드칼라보다 한 단계 높이 평가되고 있다. 다이아몬드칼라는 심신·체력·자기관리 능력·인간관계 능력의 5가지 요소를 동시에 갖춘 사람으로, 미래형 지도자의 자질로 꼽힌다. 골드칼라가 반짝이는 두뇌를 갖고 있는 인재라면, 다이아몬드칼라는 지식, 봉상시, 체력, 자기관리, 인간관계 5가지 미덕을 갖춘 인물로 보는 것이다.

로버트 E 켈리, 《골드칼라로 가는 길》, 리치북스, 1999 중에서

2장

10장의 이력서를 이기는
책 한 권의 힘
[실행력]

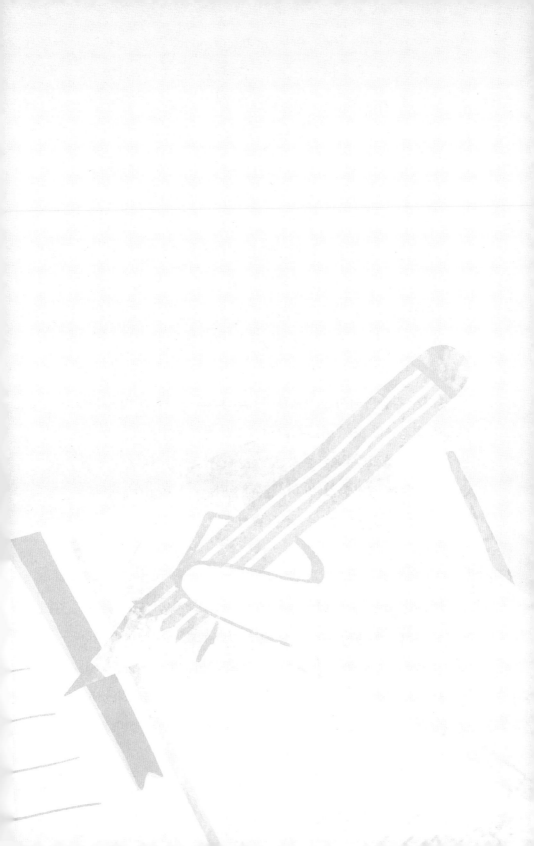

수백 권의 독서로 이루어진
한 권의 책

필자가 경험한 독서는 스페인이나 스위스로의 달콤한 여행보다 더 값진 최고의 간접여행이었다. 그래서 수백 권의 독서를 책 한 권 쓰는 것과 직접 비교해서 우열을 가릴 생각은 없다. 다만, 책 쓰기의 완성은 읽기만 하는 독서에서 훨씬 더 발전된 실행력을 통해서 가능하다는 점은 분명한 사실이다. 몇 발자국 더 앞서나간 것이라고 말할 수 있는 것이다.

기본적으로 책을 쓸 때 가장 필요한 능력은 풍부한 독서량이다. 실제로 독서를 많이 한 사람과 덜 한 사람이 책을 쓰다 보면 극명한 차이를 보이는 것을 알 수 있다. 실제로 대부분의 작가들 중에는 독서를 즐기는 독서광이 많다. 그 분야의 전문가라고 할지라도 전반적인 독서량이 많으면 풍부한 사례나 지식을 덧붙여 쓸 수 있는 것이다. 그러나 그 분야의 전문적인 지식만 연구했던 사람은 논문처럼 딱딱하고 지루한 글을 쓸 수밖에 없다. 이것은 굉장히 큰 차이다.

사실, 책을 여러 권 쓴 저자들이 대체로 몇백 권에서 몇천 권을 읽은 것은 어찌 보면 당연해 보인다. 그런 과정들이 있었으므로 그 결과물이 나온 것은 당연한 순리이기 때문이다. 어떤 분야의 책을 쓰려면 풍부한 독서량을 바탕으로 해당 분야를 파고들어야 한다. 책을 읽음으로써 나를 변화시키는 것은 매우 긍정적인 의미가 있다. 평상시에도 그런 전략적이고, 꾸준한 독서는 반드시 필요하다. 그러나 독서보다 더 위대한 책 쓰기는 그것을 초월한 가치가 있다. 내 이름 석 자로 된 책이 나오면 그것은 독서를 수백 권 한 것 이상의 가치를 만들어낸 것이다.

성장하는 40대가 되려면 공부를 해야 하는데, 그중 가장 소중한 공부는 '책 쓰기 공부'가 될 것이라고 단언한다. 본인의 관심 분야를 자신의 지식과 경험, 그리고 시장 조사를 통해서 한 권의 책으로 완성하기를 추천한다. 만약 30대까지는 바쁜 일상으로 인해 독서에 소홀했다면, 지금부터라도 독서와 책 쓰기를 꾸준히 할 것을 강력히 권유한다. 독서는 많이 하면 할수록 속도가 빨라지듯이, 책 쓰기도 첫 번째 쓸 때보다는 두 번째 책을 쓸 때 시간이 더 적게 걸릴 것이다. 한 권의 책 쓰기로 머물지 말고 계속 도전했으면 좋겠다.

대부분의 저자의 경우, 책을 쓰면서 자신의 부족함도 많이 느끼는

게 사실이다. 알면 알수록 오히려 자신이 우물 안 개구리였음을 느끼는 것은 긍정적인 깨우침이다. 이렇듯, 책 쓰기는 사람을 겸손하게 만들고 내가 부족한 부분을 더 채워 넣을 수 있는 에너지를 준다. 책을 더 많이 읽고 싶은 욕망이 생기게 하기도 한다. 책을 쓰는 저자가 되고 싶다면 독서를 가까이하고 그것에서 많은 것을 얻으려고 노력하길 바란다. 단순히 지식뿐만 아니라 인사이트까지도 얻을 것이다. 책을 쓰고 난 이후에도 여러 분야의 독서는 지속적으로 필요하다. 어설프게 아는 사람들은 자신이 많이 아는 것처럼 생각하지만, 그것은 매우 위험한 발상이다. 실제로 학식이 많은 사람들은 알면 알수록 더 공부할게 많고 부족한 게 많이 느껴진다고 한다. 결국 지속적으로 책을 쓰는 사람은 겸손해야 하며, 광범위한 지식과 통찰력을 가질 수 있도록 노력해야 한다.

언젠가 '세상을 바꾸는 시간 15분'라는 유튜브에서 채사장 작가가 《지적 대화를 위한 넓고 얕은 지식》이라는 책을 소개하는 것을 보게 되었다. 도서관에서 살다시피 하면서 다양한 분야의 많은 책을 읽었다는 이야기가 인상적이었다. 대체로 사람들은 자신이 읽고 싶은 분야의 책이 있기 마련이고, 그 분야를 크게 넘어서지 않는다. 필자의 경우에도 경영·경제나 자기계발서를 주로 읽는 편이며 그 외에 역사나 교육에 관한 책을 읽기도 한다. 독서 모임에서는 고전이나 철학처럼 여러 분야를 폭넓게 읽으려고 노력하는 편이다. 그러나 잘 모르는 분야는 확실히 독서의 속도가 느리기도 하고 재미가 없을 때도 있다. 그런 측면에서 보면 이렇게 폭넓은 독서는 참으로 존경스럽다.

거듭 말하지만, 한 권의 책 쓰기는 위대하다. 한 권의 책이 나오려면 최소 수십 권에서 수백 권의 독서를 통해 그동안 쌓인 지식이 있어야만 쓸 수 있기 때문이다. 책을 쓰면서 하는 자료 수집은 그 책을 쓰는 데 추가적인 재료일 뿐이라고 생각한다. 기존의 80%인 독서가 갖추어지지 않았다면 20%의 자료 수집이나 집중 독서를 해도 책을 출간하지 못할 수도 있다. 그래서 한 권의 좋은 책을 쓰는 것은 도전해볼 만한 가치가 있지만, 누구에게나 쉬운 일은 아닐 것이다.

책은 나의 명함뿐만 아니라 나의 얼굴이 된다. 그런데 그렇게 자료 수집이나 한두 달 반짝해서 쓴다고 생각해보라. 내 책에 대한 자부심과 애착도 떨어지며, 독자들에 대한 예의가 아닐 수도 있다. 충분히 익은 과일 열매가 맛있듯이 저자의 사색의 깊이가 느껴지는 책이 되어야 마땅하다. 책 쓰기는 빨리 쓴다고 좋은 것이 아니므로, 보석처럼 잘 다듬어서 세상에 나올 수 있게 하길 바란다. 잘 완성된 한 권의 책을 탄생시키려면 그만큼 치열한 고민의 흔적이 있어야 한다. 한번 출간되어 나오면 문장의 맥락이나 목차의 순서 등을 다시 수정할 수 없다. 그러므로 신중하게 잘 다듬어서 결과물을 내놓아야 한다.

치열한 고민의 시간이 필요한 예비 저자에게 독서는 책 쓰기의 사전 준비에서 매우 중요한 의미를 갖는다. 그리고 그 힘은 나아가 책 쓰기의 완성으로 이어진다. 기본적으로 수십 권, 수백 권의 독서는 의미 있고 가치 있는 시간임이 분명하다. 그리고 독서는 삶의 나침반이 되어주므로 평생 해야 하는 기본적인 자기계발이자 필수적인 일상으로 받아들여야 한다. 다만, 독서는 실행하지 않으면 그저 소비자라는 점이 한계점이다. 그 단계에서 나를 몇 단계 업그레이드시키려면 책을 쓰는 저자로 거듭나야 할 것이다. 책 쓰기와 독서를 비교하면서 같은 잣대로 비교할 수는 없지만, 책 쓰기는 생산자의 개념이 된다는 것이 가장 큰 차이점일 것이다.

책 쓰기는 내가 그 분야의 전문가가 되는 지름길이자 경쟁우위를 선점할 수 있는 기회를 준다. 독서와 책 쓰기는 둘 다 위대한 자기계발이지만, 특정 분야에서 나를 몇 배 더 성장시킬 수 있는 것은 책 쓰기다. 독서를 통한 간접 경험과 지식, 그리고 나의 인사이트가 책 쓰기로 실현되면, 그것이 나를 완전한 전문가로 만들어줄 것이다.

내가 매년 100권 이상을 꾸준히 읽는다고 해도 그것은 결국 독서광에 지나지 않을 수도 있다. 그리고 내가 읽은 내용은 내 이름이 아닌 그 저자들의 이름으로 남겨져 있을 따름이다. 그래서 독서를 많이 하는 데 그치지 말고, 내 이름 석 자로 된 책 한 권을 출간하는 것을 추천한다. 그리고 그것이 나에게 훨씬 더 가치 있고 의미 있다고 느끼는 순간이 올 것이다. 깊이 있게 고민한 한 분야가 완전한 나의 것이 되고, 나의 이름으로 세상에 알려지는 것이다. 나의 해석과 통찰력을 담은 한 문장 한 문장을 써보고 느껴보기 바란다. 그런 후에, 책을 쓰면서 더 깊이 있는 고민과 공부를 하길 바란다.

독서가 주는 좋은 점

- 지식과 지혜를 간접적으로 경험할 수 있다.
- 돈이 많이 들지 않지만, 선인들과 만날 수 있다.
- 깨달음과 통찰력을 길러준다.
- 재미와 감동을 얻을 수 있다.

책 쓰기가 주는 좋은 점

- 자신이 누구인지 증명할 수 있는 기회가 된다.
- 자신을 관종이 아닌 영향력을 가진 전문가로 발전시킨다.
- 자신을 브랜딩할 수 있는 기회가 된다.
- 무자본으로 도전해서 큰 수익을 이루는 디딤돌이 된다.
- 자신에 대한 고찰 및 사색, 그리고 해박한 지식을 갖추는 방법을 터득하게 된다.
- 독서와 글쓰기에 대한 실력이 몇 단계 업그레이드된다.
- 소비자가 아닌 생산자로서 강연 및 수익 창출의 기회가 생긴다.
- 유명 저자 및 전문가들과의 오프라인 만남의 기본이 된다.
- 내가 하는 일을 더 잘할 수 있게 해주는 디딤돌의 역할을 해준다.
- 개인 브랜드를 만들 수 있는 책을 내고자 하는 동기부여를 하게 해준다.
- 전 세계의 실력 있고 유명한 스승들을 손쉽게 만날 수 있다.
- 나를 돌아보게 되고, 보다 나은 내가 되기 위해 행동의 변화가 일어나게 된다.
- 책을 읽으면 읽을수록 많은 것을 모르고 있다는 것을 깨달으며 겸손해진다.
- 자녀들에게 책 읽는 모습을 보여주며 자연스러운 독서 교육이 된다.

유튜브보다
더 영원히 남겨질 책

이제 많은 독자들은 일방적인 가르침보다는 저자의 지식과 경험을 통한 공감을 일으킬 수 있는 책을 원한다. 그리고 그런 흐름 속에서 저자는 독자들의 니즈를 만족시키기 위해 노력해야 한다. 독자들을 만족시키는 것은 오로지 저자의 몫이다. 최근 들어, 책을 쓰는 저자의 경쟁자는 같은 분야의 경쟁도서 저자가 아닌, 각종 영상매체라는 생각이 들기도 한다. 내 인생에 영향을 준 영화나 연극이 나에게 간접적으로 좋은 영감을 줄 수도 있고, 유튜브에서 생산되는 양질의 고급 영상에서 공감과 깨달음을 얻을 수도 있다. 그럼에도 불구하고, 가장 오래되었고 기본적이며 영원히 잊히지 않을 존재는 책이라고 감히 이야기하고 싶다. 시대가 급속히 변화되더라도 오리지널이 가장 오래 살아남는 법이다.

그렇다면 책의 동반자이자 경쟁자인 SNS에는 어떤 것이 있는지 살펴보자. SNS의 종류에는 글로 쓰는 블로그, 자신의 견해를 밝히는 페이스북, 자신의 일상을 사진으로 보여주는 인스타그램 등이 있다. 이들은 그것만이 가지고 있는 고유의 특성이 있으며, 많은 사람들은 이에 적극적으로 참여하고 있다. 최근에는 영상을 통해 쉽고 빠르게 정보를 얻는 유튜브가 많은 호응을 얻고 있다. 유튜브의 장점은 쉽고 빠르게 정보를 제공한다는 점이다. 영상이라서 더 직관적이다. 그래서 실제로 좋은 정보들이 유튜브를 생산해내는 크리에이터와 비례해서 많아지고 있다.

SNS에도 흐름이 있는데, 요즘은 유튜브의 인기가 두드러진다. 유튜브는 직접적이며 빠르게 정보를 제공한다. 또한, 시각적인 효과를 통해 정보를 제공하기 때문에 중독성(?)이 있다. 그러나 필자는 아직까지도 가장 중요하고 단단한 전달 매체는 글자이며, 그것으로 완성된 한 권의 책이라고 생각한다. 필자가 말하는 단단하다는 의미는 깊이가 있다는 뜻이다. 유튜브에는 직관적이고 즉흥적인 장점이 있듯이, 책에는 뚝배기처럼 깊은 맛을 내는 장점이 존재한다.

물론 사진이나 영상 매체가 시대적으로 각광받고 있는 것을 부정하지는 않는다. 블로그나 인스타그램, 유튜브에서 보듯이 그 각각의 매체들은 그것이 가진 나름의 장점을 가지고 있기 때문이다. 가장 대조적인 차이점을 가진 유튜브와 책을 비교 분석해보면 장단점이 명확하게 존재한다. 유튜브는 그것 자체로 존재를 인정하는 것이 맞다고 본다. 그럼에도 불구하고, 필자가 생각하는 책의 장점은 깊이가 있다는 점이고, 내가 남긴 책은 내 후손들까지도 몇백 년을 영속할 수 있는 매체라는 점이다.

많은 유튜버들 중 블로그나 인스타그램은 하지 않고 바로 유튜브 영상만으로 유명인이 된 분들이 상당히 많다. 최근에는 스포츠 스타나 주식 유튜버 등 다양한 분야의 콘텐츠가 인기를 끌고 있다. 그분들은 자신의 영향력과 더불어 유튜브에 잘 어울리는 먹방, 인터뷰 등이 잘 맞아떨어진 경우가 상당히 많다. 실제로 유튜브의 여러 분야 중에서도 이런 영상을 통해 재미와 즐거움을 추구하는 분야는 유튜브가 너무나 잘 어울린다. 그에 반해, 필자가 생각하는 책의 장점은 재미와 즐거움은 없어도, 그 분야의 전문가가 주는 기본적이고 탄탄한 지식과 메시지를 전달받을 수 있다는 점이다.

문명이 발전하면 할수록 더 좋은 상품들은 계속 나올 것이다. 그러나 잘 생각해보면 편리하다고 다 좋은 것은 아니다. 현대인들은 영상을 너무 많이 보기 때문에 생각할 시간이 없다고 한다. 어린이들의 경우, TV나 유튜브 영상에 일찍 노출되어 안경을 쓰는 것뿐만 아니라, 사고력과 창의력이 떨어지게 되기도 한다. 문명의 발달이 내면적인 성장의 부작용까지 나타나고 있는 것이 현실이다. 요즘에는 영어 학습 동영상을 즐겨 보며 효율적으로 공부를 하고 있는데, 예전처럼 영어 책과 테이프를 통해 영어 공부를 하던 시절이 더 좋았던 것은 아닐지 생각해본다.

내가 영향을 받은 연극, 영화, 유튜브도 좋지만 한 권의 책은 더 영원히 남겨질 수 있고 더 많은 메시지를 제공한다. 그래서 책은 어느 매체보다 묵직하고 존엄한 존재다. 예로부터 한 권의 책은 한 사람의 운명을 바꾸는 데 결정적인 역할을 해왔고 지금도 역시 그렇다. 나도 수없이 많은 책을 읽으며 영원히 내 곁에 두고 싶은 책들을 만나고 있다. 예를 들면 팀 페리스(Tim Ferriss)의 《타이탄의 도구들》, 제임스 클리어(James Clear)의 《아주 작은 습관의 힘》 같은 책들은 잠을 잘 때도 곁에 두고 싶은 책들이다. 물론 이 외에도 좋은 책들은 너무나도 많다.

글자는 우리나라 세종대왕의 위대한 업적이다. 글자는 모든 SNS가 가능하게 한 근본이고, 지금 존재하는 글자로 구성된 책은 앞으로도 절대 잊혀지지 않는 소중한 유산이 될 것이다. 조선 시대에 왕실에서의 기록이 지금도 남아 있듯이 현재의 기록도 한 권의 책으로 남을 것이다. 그리고 후손 대대로 소중한 선대의 자료가 될 것임이 분명하다. 디지털 콘텐츠 시대가 되어도 아날로그 콘텐츠는 지속된다.

글은 말보다 더 전달력이 강하다고 한다. 나도 그 말에 동의한다. 글을 통해 잘 표현하는 사람은 그만큼 더 진지해 보이고 진심이 느껴지는 것이 사실이다. 요즘에는 많이 없어졌지만, 연애편지는 많은 감동을 전달한다. 지금도 연인들 사이에 연애편지로 자신의 마음을 표현하게 되면, 평소 말로 전달하지 못한 나의 마음과 메시지를 전달할 수 있게 된다. 지금은 군대에 가도 자주 통화를 할 수 있지만, 필자가 20여 년 전에 군대에 갔을 때는 편지를 써서 집에 계시는 부모님이나 친구,

연인에게 보냈었다. 지금의 핸드폰 메시지와 같은 매체에 비해 더 걸린 건 사실이다. 그러나 편지는 필자의 감사하고 그리운 마음을 잘 표현하고 전달할 수 있는 감성적인 메신저였다고 생각한다.

기획부터 출간까지 최소 6개월 또는 1년 이상 심혈을 기울여 출간한 한 권의 책은 국립중앙도서관과 국회도서관에 소장된다. 국립중앙도서관이나 국회도서관, 그리고 내가 살고 있는 근처 동네 도서관 여러 곳에 내 책이 있다고 생각해보자. 생각만 해도 뿌듯하지 않은가? 교보문고나 영풍문고 등의 오프라인 서점 평대나 서가에 진열되며, 예스24나 알라딘 등 온라인 서점에도 자리 잡게 된다. 사실 이런 점을 생각하면, 책을 쓸 때 내가 가진 모든 열정을 다해서 집필해야 하고 출간 후에도 자부심과 애착을 가져야 한다.

책은 많은 독자들에게 깨달음을 주고 감동을 준다. 또한 새로운 지식과 삶의 지혜를 우리에게 선물한다. 수백 년 전에 세종대왕, 정약용이 그랬고, 미국의 링컨 대통령과 스티브 잡스가 그랬듯이 독서는 위대한 인간을 만들고 위대한 업적을 만드는 데 기여한다. 지식과 지혜를 얻는 시간, 감동과 깨달음을 얻을 수 있는 시간, 생각을 정리할 수 있는 시간, 수십에서 수백 년을 거슬러 올라가 선인들과 만날 수 있는 시간, 이것은 모두 책으로써 연결된다.

선인들뿐만 아니라 현재의 많은 유명인들도 책을 통해 더 위대해질 수 있었고, 앞으로도 수많은 사람들에게 많은 것을 전달할 수 있을 것이라 확신한다. 돌아가신 구본형 저자나 법정스님이 지금도 책을 통해 우리와 대화하듯이, 시간이 지나도 많은 저자들이 다양한 분야에서 독자들과 만나고 있다. 책은 수백 년 전에도 있었고, 앞으로 수백 년 후에도 계속 존재감을 발휘할 것이다. 디지털 콘텐츠가 아무리 많아지더라도 책은 책으로서 존재가치를 충분히 발휘할 것이라고 생각한다.

글자는 책을 탄생시키고, 책은 위대한 인간을 만든다. 우리는 매일 일상에서 말을 하고 글을 쓰고 있다. 그러나 전문가로서의 나를 만들기 위해서는 책을 통해 한 단계 더 발전시킬 필요가 있다. 영원히 남겨질 수 있고, 나의 경쟁력이 되는 책을 먼저 써야 한다. 그러고 나서 유튜브와 병행해도 좋고, 다른 사람의 유튜브에 출연해서 영향력을 키워나가도 된다. 글쓰기를 잘하는 사람은 유튜브에서도 자기 생각을 잘 정리해서 말할 수 있는 능력이 있다. 여러분들이 책을 쓰고 나서 유튜브 채널까지 운영하면 더할 나위 없이 좋다.

마흔 살 이후 지속 가능한
삶의 디딤돌

마흔 살 이후에 지속 가능한 인생을 살려면 어떻게 해야 할까? 여기서 '지속 가능한'이란 뜻은 우리의 인생이 좀 더 부드럽게 연결된다는 뜻이다. 창업이나 부업, 재테크 등 여러 방법이 떠오를 수 있겠지만, 그보다 더 중요한 루틴은 일단 읽고 쓰는 것이다. 그중에서도 쓰는 것은 나의 인생을 고급스럽게 해주는 삶의 디딤돌이 될 것이다. 처음에는 글을 쓰려고 노력하기 바란다. 그리고 그것을 언젠가 책으로 완성하길 바란다. 그것은 나를 세상의 무대 위로 한 단계 올려놓을 것이며, 지금이 아니더라도 추후에 대단한 기회를 주게 될 것이다. 내가 의도치 않은 상황에서 기회가 다가올 수도 있고, 내가 더 간절히 노력해서 기회가 올 수도 있다.

부와 명예를 조금 얻었다고 해서 지금 성공이라고 단언하지 말기를 바란다. 그것을 먼저 얻고 성취한 사람이라면 앞으로 반드시 책을 책을 써내야 하기 때문이다. 지금 내가 최고점에 있다고 자만하지도 말아야 한다. 그것은 자신이 아직 부족하다는 경고일지도 모른다. 잘 나갈수록 자기계발을 해야 하며, 부족할수록 더 성장하려고 노력해야 한다. 책 쓰기는 가장 기본적이고 고급스러운 제2의 인생을 살기 위한 필수요소인 것이다. 그것은 또한 삶의 디딤돌이며, 나를 계곡의 급류 로부터 보호해줄 수 있는 안전장치가 되어줄 것이다.

만약 지식 창업이 아닌 오프라인 자영업을 하려고 해도 마찬가지 다. 자신만의 소재를 바탕으로 책 한 권이 있다면, 그것은 고객들에게 큰 신뢰를 주게 될 것이다. 그리고 그런 기반은 자신이 어려움을 겪을 때 누군가로부터 좋은 제의가 들어올 수도 있고, 위기를 극복하는 역 할을 해줄 수도 있을 것이다. 지금 부족하더라도 앞으로 기회를 만들 어주고, 더 큰 에너지를 공급해줄 수 있는 역할을 하는 것이 책이다.

책으로써 삶의 디딤돌을 만들어내는 구체적인 방법은 브랜딩을 하 는 것이다. 브랜딩은 내 책에 있는 나의 콘텐츠를 바탕으로 수익모델 을 만들어내는 것이다. 직장인이라면 자신의 몸값을 올리는 것을 의미 한다. 브랜딩은 성공한 사람들만을 위해 필요한 것이 아니라, 성장하 기 위한 일반인들의 이야기라는 의미로 받아들여야 한다. 이미 성공한 상태보다는 지금 성장하고 있는 저자가 책을 쓴다면 효과가 더 극대 화되지 않겠는가! 예전에는 책이라고 하면 무조건 그 책이 베스트셀러 인지에 대한 것만 생각했다. 그러나 지금은 브랜딩, 수익화, 비즈니스가 더 큰 가치가 되었음을 인식하고 책을 쓰는 데 도전하기 바란다.

마흔 살 이후는 앞으로 어떻게 살아야 할지 고민이 많은 시기가 분명하다. 그렇기 때문에 자기 삶의 디딤돌을 몇 개 만들어야 한다. 그래야만 인생의 위기를 극복하며 살아갈 수 있다. 거듭 말하지만, 직장인이든 자영업자든 1인 기업가든 디딤돌의 기본적인 방법은 책이 되어야 한다. 한 번뿐인 인생을 그냥 방향성 없이 성실하게 직장에서 근무하는 시대는 이미 지나갔다. 최근의 3040세대는 어렵게 좋은 직장에 입사해도 자신의 커리어를 쌓은 후에는 자신을 더 인정해주는 다른 회사에 이직하는 것을 당연하게 여긴다. 그리고 몇 년 후에는 내가 하고 싶은 것을 추구하며 살기 위해서 퇴사를 하는 세대다. 직장인이 아닌 자영업자나 1인 지식기업도 마찬가지다. 계속 나의 가치를 높여야 하는데, 그중 기본적이고 최고의 수단은 책이다. 결국 이 시대는 자신이 추구하는 바를 위해 브랜딩이 필요한 시대다. 여러분도 책 쓰기를 통해 브랜딩을 하고, 그것을 통해 삶의 디딤돌을 만들어내길 바란다.

구본형 저자처럼 유능한 인재도 수십 년 전에 이른 퇴직을 경험했다. 지금은 이른 은퇴를 걱정하는 시대가 아니라 긍정적으로 바라보고, 부러워하는 시대가 되었다. 또한, 자신이 원하는 인생을 도전하거나 파이어(fire)족이 되어서 직장을 과감히 그만두는 시대가 되었다. 실제로, 지금 이 시대는 워라밸(work-life balance)을 뛰어넘어 디지털 노마드와 삶의 질을 소중히 여기는 시대가 된 것이 현실이다.

마흔이 좀 넘어선 나이가 되면 회사에서는 과장 이상 팀장급의 나이가 된다. 그래서 회사에서는 정점을 지난다고 볼 수 있다. 어쩌면 회사에서는 자신만의 결승선이 눈에 어렴풋이 보일 수도 있다. 실제로 최근에는 은퇴 연령이 점점 빨라지는 현상이 두드러지고 있다. 그러다 보니 지금의 마흔을 지나고 있는 직장인들은 어느 순간이 되면 떠나려는 마음이나 분위기가 형성되고 있다. 얼마 전, 스타벅스 카페에서 직장인들이 대화하는 것을 얼핏 들은 적이 있다. 그들은 한참 대화를 하던 중에 직장생활을 오랜 시간 하고 싶지 않다고 이야기하고 있었다. 30대 초중반으로 보인 그들의 대화 속에는 직장에 대한 애착보다는 자신의 인생을 어떻게 잘 살 것인가에 대한 생각과 대화가 더 많이 들렸다.

책 쓰기는 불안한 우리에게 지속 가능한 삶의 디딤돌이 되어줄 것이다. 내가 회사 명함을 벗어나서 나 자신으로 살기 위해 어떻게 해야 할지, 무엇을 해야 할지, 심각하게 고민해보는 시간을 가져보아야 한다. 나는 지금 어떤 두 번째 명함을 만들고 있는지 돌아보아야 한다. 우리는 결국 스스로를 비즈니스의 당사자로 만들어야 하며, 나 자신을 브랜딩해야 한다. 책 쓰기는 고민 많은 여러분에게 희망과 용기를 줄 것이다. 그것은 마흔 이후 내가 살아갈 수 있는 든든한 디딤돌이 되어줄 것이다. 지금부터 삶의 디딤돌을 만들어가는 과정을 준비하기 바란다. 그리고 그 디딤돌 중에 하나가 책 쓰기였으면 좋겠다.

내가 현재 어느 위치에 있는지 파악해보고 그 분야를 더 파고들어서 책을 써도 되고, 새로운 분야에 대한 책을 써도 된다. 한 가지 중요한 점은 내가 경험했거나 깊은 관심이 있어야 한다는 것이다. 또한, 지속 가능한 삶을 위한 디딤돌이 될 수 있는 콘텐츠여야 한다. 이제부터 나를 성장시키고 브랜딩이 되어줄 디딤돌 중 하나가 책 쓰기인 것을 알았다면, 어떤 분야에서 나의 디딤돌을 놓고 계곡을 건널 것인지 고민해야 한다. 그리고 그것을 표현하며 나의 능력을 보여주어야 한다. 그랬을 때 내 삶의 디딤돌이 될 것이다. 내가 아무리 능력이 있고 열정이 있어도 그것을 누가 먼저 실행하고 표현할 줄 아느냐가 이기는 습관을 만들 것이라 확신한다.

책을 많이 읽고, 글을 많이 쓰면서 책을 출간한다면 앞으로의 인생은 지금까지보다 훨씬 더 밝아질 것이다. 계속 긍정적인 생각으로 도전하라. 책을 쓰지 못한다면 그것은 나에게 간절함과 의지, 그리고 실행력이 없기 때문이다. 수백만 원짜리 강의를 들어도 결국 책을 못 내는 사람들이 많다고 한다. 그 이유는 대체로 지금 당장 삶의 디딤돌을 만들기 위한 간절함이 없거나, 간절함은 있어도 실천하지 않고 미루기 때문이다. 결국 책을 완성하는 사람이 소수에 불과한 것은 능력과 의지의 문제다. 6개월에서 1년간 내 삶의 디딤돌을 만들기 위해 필사적으로 노력해야 한다. 앞으로 출간되는 내 책이 많아질수록 전문가로서의 입지는 더 굳건해지고 튼튼한 디딤돌이 된다. 물론 무조건 책만 내는 것은 아니라, 나의 방향성과 지향점이 일치해야 한다.

삶의 디딤돌이 되기 위한 책을 쓰려면 같은 분야의 책을 쓰더라도 좀 더 세부적으로 다양한 스펙트럼을 보여주길 바란다. 같은 주제더라도 콘셉트나 메시지가 다르며 세부 분야가 다른 책을 출간하기를 바란다. 그리고 책을 통해 지속적으로 성장하기를 바란다. 우리가 진정한 의미의 전업 작가가 아닌 이상, 완전히 다른 주제를 계속 써 내려가기는 쉽지 않다. 그러나 한 분야에서 좀 더 세부적으로 나누어 심층적으로 접근하는 것은 가능하다. 만약, 새로운 분야더라도 자신의 색깔이 가미될 수 있다면 몇 권의 책은 출간할 수 있을 것이다. 지금 당장 책 쓰기라는 지속 가능한 자기계발에 도전하기를 바란다. 그것이 40대 이후에 우리가 계속 성장할 수 있는 삶의 디딤돌이 되어줄 것이기 때문이다.

여러분들이 최종적으로 책을 쓰면 내가 아는 주위 사람들의 시선이 달라질 것이다. 일단 나를 신뢰하게 될 것이다. 그러므로 이 책을 읽는 독자들은 지속적으로 좋은 책을 출간할 계획을 세웠으면 좋겠다. 한 권의 책을 쓴다고 인생이 180도 달라지지는 않지만, 최소한 60도 이상의 기울기가 변하는 경우는 많다. 그러나 꾸준히 책을 쓴 사람은 그만큼 더 성장하고 180도에 가깝게 달라지고 있을 것이다. 그리고 자신도 모르게 산 정상에 올라 있는 모습을 보게 될지도 모른다.

40대는 부침이 많은 연령대. 30대까지가 준비기라면 40대부터 본격적으로 자신의 영역을 만들어나가기 때문이다. 40대의 부침에 현명하게 대처하기 위해서는 그 무엇보다도 종교, 신념, 가치관 등에서 염원하는 마음의 중심, 즉 인생관이 잡혀 있어야 한다고 강조한다. 현실을 직시하되 희망을 잃지 않는 합리적 낙관주의가 내 안에 견고하게 있을 때 40대부터는 자신이 원하는 방향으로 길을 만들어서 갈 수 있다.

- 김경준, 《마흔 이후, 어떻게 살아야 하는 걸까》,
메이트북스, 2019 중에서

영원한 현역으로
거듭나는 1인 기업

30대 후반이나 40대 초반에 은퇴하는 것이 이르다고 생각되지 않는 시대가 되었다. 은퇴라기보다는 인생 2막을 시작하는 나이라고 하는 게 더 맞는 표현일 것이다. 혹자는 퇴사는 능력순이라고 말하기도 한다. 그런 사회적 분위기와 트렌드는 자신의 인생을 자신의 의지대로 할 수 있어야 한다. 자신이 잘하거나 좋아하는 일을 할 수 있는 온·오프라인 1인 기업이 정답에 가까울지도 모른다.

영원한 현역, 1인 기업이라는 말을 들어본 적이 있는가? 듣기만 해도 참 기분 좋고 가슴 설레는 말이다. 그러나 1인 기업이 그냥 듣기에는 좋아 보이지만, 자기관리가 되어야 지속적인 수익이 가능한 개념이다. 그것은 시간 관리, 콘텐츠 관리, 브랜딩 관리 등을 통해 가능해질 것이다. 자기 관리의 개념 중에서도 가장 중요한 1인 기업의 개념은 브랜딩인데, 브랜딩은 프리랜서의 가치와 수익을 말해준다.

그렇다면 영원한 현역으로서 1인 기업의 핵심브랜딩은 어떻게 만들어갈 수 있을까? 여러 가지 방법이 있지만, 그것은 일단 나를 알리는 것에서부터 시작한다. 내가 그 분야의 전문가이며, 고객의 니즈에 대한 최선의 지식과 경험을 제공할 수 있음을 증명해야 한다. 그것이야말로 기본은 책으로부터 시작된다. 독자들이 내 책을 읽으면서 고개를 끄덕이며 공감을 해야 한다. 글을 통해 공감하고 고개를 끄덕이게 될때, 저자를 신뢰하면서 연락이 올 것이기 때문이다. 이런 흐름이 이어지면 1인 기업으로 성장하게 되는 것이다. 그리고 저자 역시 수익모델에 자연스럽게 근접하게 될 것이며, 늦은 나이까지 평생 현역으로 나를 성장시켜줄 수 있는 계기가 될 것이다.

이제 세상은 달라졌고 지금은 프리랜서들의 전성시대가 되었다. 모든 분야에서 조직이 아닌, 한 사람의 능력과 브랜딩을 통한 프리랜서가 일반화된 것이 사실이다. '1인 기업'이란 말의 사전적 의미를 찾아보면, 일정한 집단이나 회사에 전속되지 않고, 자유롭게 자신의 역량을 펼쳐내는 사람을 뜻한다. 최근에는 강사, 배우, 작가, 음악가, 저널리스트 등 다양한 분야에서 '집단이나 조직의 구속을 받지 않고 자기 자신의 판단에 따라 독자적으로 일을 하는 사람'을 가리키는 말로 쓰이고 있다.

영원한 현역이라는 말이 언제부터를 의미할지는 본인이 언제 새로운 도전을 하느냐에 달려 있다. 만약 60세까지 현역으로 근무하고 퇴직해서 퇴직연금을 받고 있다고 해도 남은 인생은 길다. 그래서 매일 등산이나 낚시를 즐기면서 성취감 없이 사는 것은 쉬우면서도 어려운 것이 사실이다. 나이가 들어서도 성취감과 자존감이 필요하다. 다른 사람들과 소통하고 인정받으면서 사회에 기여하는 것은 인생의 의미를 더욱 깊게 만들어준다. 그래서 더 이상 활동이 필요 없는 부자가 된 분들도 자신만의 회사를 설립하고, 자신만의 영역에서 진가를 발휘하려고 노력한다. 점점 나이가 들어도 주위 사람들에게 인정받고 싶다면, 지금부터 책을 쓰면 된다. 그것도 막연히 쓰는 것이 아니라 어느 분야의 전문가가 되기 위해 책을 써라! 그러면 여러분의 현역을 더 화려하게 연장하는 신호탄이 될 것이다.

현재 직장에서의 연봉이 높고 직급이 높다고 해도 방심하면 안 된다. 현재의 위치가 앞으로의 자신의 미래를 담보해주지는 않기 때문이다. 현재 조직의 명함이 당신을 평가하고 돋보이게 하고 있는 것이 분명하기 때문이다. 그러므로 직장인들은 긴장의 끈을 늦추지 말고, 한 권의 책을 써서 나의 전문성을 인정받아야 한다. 특히 자신만의 스킬보다는 지식이나 업무 역량으로 승부하는 직장에서는 더더욱 자신을 증명할 수 있는 무기가 필요하다. 추상적인 지식과 경험을 구체화할 수 있는 것이 책이다.

책을 쓰고 나면 어떤 분야를 통해 수익화할 것인지도 고민해야 한다. 대체로 그 분야의 전문가로서 강의나 컨설팅 제안을 받는 것이 1인

기업으로 가는 방향에서 가장 일반적인 형태다. 이처럼 1인 기업은 조직에 속하지 않고, 자유롭게 자신의 핵심적인 역량을 펼칠 수 있는 현역의 길을 제시해준다. 책을 출간하고, 디지털 콘텐츠를 만들어서 자신의 브랜딩이 완성되면, 그 분야의 여러 단체나 개인에게 섭외 연락을 받을 것이다. 때로는 저자가 먼저 연락할 수도 있다.

이것이 직장인들이 지금 당장 1인 기업이 아니더라도 책을 써야 하는 이유다. 책은 영향력이 크고 대중들에게 자신을 나타내 보일 수 있는 명함 같은 존재다. 실제로, 기존의 명함보다 더 고급스럽고 신뢰감이 가는 명함 역할을 한다. 직장에서 자신의 업무 분야가 마케팅일 수도 있고, 해외 영업일 수도 있다. 지금 자신의 업무 분야에 관한 책을 쓴다면 스카우트 기회가 생기고, 자신의 몸값이 올라가게 될 것이다. 그리고 그것은 언젠가 홀로 설 수 있는 1인 기업이나 전문 강사의 길로 여러분을 안내할 수도 있을 것이다.

내 주위를 보면 퇴직하고 나서 음식점을 하거나 카페를 창업할 계획을 가진 분들이 많다. 그러나 섣부른 창업으로 자신의 의지와는 다르게 2~3년 내에 폐업을 하게 되는 경우가 많은 것을 볼 수 있다. 처음 시작했을 때의 자신감은 점점 더 실망과 의욕 상실로 이어질 수 있을 것이다. 시장 상황과 트렌드가 그만큼 빠르게 변하는 것이 창업이다. 반면, 지식 창업은 시간과 비용 측면에서 위험 부담을 크게 감소시켜 준다. 그리고 1인 기업의 기반이 되는 책 쓰기는 평생 현역으로 갈 수 있는 가장 효율적이고 지속적인 길이 될 것이다.

구체적으로 우리가 지식 창업을 선택할 때 어떤 분야에 대해 전문가가 될지에 대한 면밀한 검토가 필요하다. 내가 잘하는 분야와 시대적인 흐름이 어느 정도는 맞아떨어져야 한다. 예를 들어, 유튜브가 대세라고 해서 유튜브 초보가 완성되지 않은 주제를 호기심만 가지고 쓰면 안 된다는 것이다. 그렇게 되면, 나중에 본인이 왜 이 책을 썼는지에 대한 후회와 독자들의 의문을 유발할지도 모른다. 결국, 나 자신의 콘텐츠와 가고자 하는 방향을 확립한 후에 시장의 흐름을 반영해야 한다. 그래야 독자에게 진심을 주고 공감을 얻어낼 수 있는 책의 저자와 영향력 있는 1인 기업으로 거듭날 수 있다. 그리고 수익화까지 이룰 수 있는 브랜딩 비즈니스가 가능해질 것이다.

모든 사람들이 '경제적 자유'를 추구하는 시대가 되었다. 시간의 자유를 추구하는 '디지털 노마드'도 중시한다. 우리가 이것을 실행하는 방법에는 여러 가지가 있을 수 있다. 그 지름길은 여러 가지다. 월세 수익을 얻을 수도 있고, 주식 배당금이나 저축 연금을 받을 수도 있다. 그러나 책을 쓰고 1인 기업에 도전하는 것만큼 더 뜻깊은 것은 없는 것 같다. 직장인들과 사업가들이 역량을 촉진하고 발전시킬 수 있는 기본이다. 단순히 경제적 자유만을 이룬다고 해서 행복해질 것 같은가? 실제 많은 사람을 보면 그렇지는 않은 것 같다. 결국 자신의 능력으로 영향력을 발휘하고, 다른 사람에게 가치를 전달함으로써 그에 따른 본인의 가치가 상승해야 한다. 그럼으로써 성취감을 느끼며 살아야 더 행복을 느끼게 된다. 상상만 해도 행복하지 않은가!

프리랜서

1인 기업

스스로가 시장 수요를
이끌어내기보다는
외부 수주

개인의 전문 서비스를
제공하고 가치를
창출하는 회사

1인 기업 재정의

개인의 전문성을 중심으로
네트워크를 형성하는 직업

홍순성, 《나는 1인 기업가다》 중에서

직장인들의 지식과 경험을
책으로 쓰기

우리는 항상 무언가를 배우고 습득한다. 태어날 때부터 학습이 시작되었고, 그것을 얼마나 잘 활용하느냐에 따라 진화가 시작되었다. 중고등학교 시절에는 대학에서 필요한 수학능력시험을 보고, 대학에서는 기업에서 필요한 지식과 자격증, 인턴 등을 통해 준비한다. 그리고 회사에 들어가면 다 끝났다고 생각했던 시절이 있었다. 연공서열에 따라 계속 시간이 지나면 어느 정도의 직책까지는 올라갈 수 있었다. 그래서 그 월급을 차곡차곡 모아서 10년 안에 집을 사는 것이 일반적이었다. 그러나 지금은 세상이 달라졌다. 지금의 2030세대 직장인들은 5060 기득권 세대에게 밀려 취업도 어렵고, 취업을 해도 그 회사가 나의 모든 것을 만족시켜주리라 생각하지 않는다. 그런 측면에서 그들은 퇴근 후에 여가를 즐기거나, 자기계발에 더욱더 몰입하는 경향이 많다. 이것이 지금 직장인들의 현실이며 고민이다.

지금의 젊은 직장인들은 자신에게 주어진 업무가 본인의 커리어에 도움이 되어야 한다고 생각한다. 그리고 그것이 나중에 이직이나 창업을 할 때, 자신에게 그 대가나 결실로 돌아오기를 바란다. 투자 대비 성과에 대한 마인드가 확실한 세대다. 이전 세대는 자신의 커리어보다 조직의 성과를 더 중요시하며, 연공서열에 따른 자연적인 보상이 이루어지는 시스템에 익숙했다.

조직 내에서 내가 가진 역량을 보여주거나, 퇴근 후에 자신의 취미나 자기계발 분야에서 고객의 니즈를 만족시킬수 있는 사람이 되어야한다. 직장에서도 팀장이나 임원의 가치를 측정할 때 애사심이나 책임감보다 문제해결 능력을 보는 경향이 커졌다. 한마디로 능력 위주의 시스템으로 바뀐 것이다. 책임 있는 자리에 있으려면, 자신의 업무뿐만 아니라, 팀원 그리고 회사 전체의 문제에 대한 해결책을 제시할 수 있는 능력을 갖추어야 한다. 지금의 직장인은 그러한 직장 내에서의 역량과 문제해결 능력을 책으로 실현할수 있어야 한다. 만약 자신의 강점이나 지향점이 외부에 존재한다면, 일반인 고객들을 상대로 문제해결 능력을 보여주면 될 것이다.

지금은 어떤 것을 배우면 그것을 현실에 적용하려는 시대가 되었다. 자신의 성장을 위해 독서모임이나 소셜 살롱에 참여한다. 자신이 원하는 음식이나 상품을 얻기 위해 치열한 경쟁을 벌인다. 그런 세대가 지금의 직장인이다. 필자는 직장인들의 그런 열정과 지식, 그리고 경험을 기반으로 책 쓰기에 도전해볼 것을 강력히 추천한다. 물론 도전한다고 다 원고가 완성되고 출간이 되지는 않지만, 도전해보려는 의지와 노력이 있다면 이루어질 것이라 믿는다. 어려운 취업도 성공했는데, 책을 출간하는 것쯤이야 못할 것이 있겠는가?

　지금의 직장인들은 성취에 따른 성장뿐만 아니라, 선한 영향력과 사회적인 기여까지도 생각한다. 또한, 자신의 성장뿐만 아니라 선한 영향력, 사회적인 기여도 중시한다. 또한, 자신이 존중받기를 원하며 자기애가 강하다. 자신에게 균등한 기회가 주어지길 바라며, 노력한 것에 대해서는 합리적이고 공정한 보상이 이루어지길 바란다. 그런 측면에서 지금의 주류 직장인들의 성향과 잘 맞는 것이 책을 통한 자기계발이라고 생각한다. 지금의 직장인들은 회사에 대한 애착보다 자신들의 커리어에 대한 애착이 더 커졌다. 언제든지 나에게 더 좋은 기회와 보상이 주어진다면 자신의 커리어를 위해 과감히 이직이나 퇴사를 선택하는 세대인 것이다.

　자신이 주도하는 인생을 살기 위해 일찌감치 '경제적 자유'의 시스템을 만들어 30대 중후반에 파이어족으로 퇴사를 하기도 한다. 제주도에서 유유자적[悠悠自適]하며 디지털 노마드 인생을 살기도 한다. 이처럼 지금의 직장인들은 점점 더 다양한 선택지를 원하고 있다. 그런 측면에서 볼때, 직장생활을 계속하거나 이직 또는 창업을 하더라도 자신의 능력을 날카롭게 다듬는 것이 반드시 필요하다. 그 날카로운 도구 중에 하나가 바로 책 쓰기다. 그것은 회사에서 그동안 쌓아온 지식과 경험을 펼칠 기회이며, 저녁때 동료들과 어울리는 회식을 마다

하고 자기계발을 위해 노력했던 분야에 대한 출력된 결과물이기도 하다.

결국 지금 시대를 사는 직장인들은 자신이 회사에 들어온 것을 기회로 삼아 최대한 많은 것을 배우고 습득하려고 한다. 그리고 그런 배움과 경험을 가지고 사회에 나와서 자신의 능력을 인정받으려고 한다. 최종적으로 조직에 기여를 하는 것도 좋지만, 자신의 능력을 발전시키는 데 초점이 맞추어져 있는 것이다. 필자는 그 지식과 경험을 책 쓰기로 반드시 실행시키길 희망한다. 그것이 최선의 자기계발이며, 이직을 하거나 창업을 할 때 훨씬 유리한 고지를 선점할 수 있는 길이 될 것이기 때문이다. 업무 분야를 책으로 낸다면, 그것은 스카우트 기회가 될 것이며, 자신의 취미활동이나 자기계발에 관해 출간한다면, 그것은 하나의 수익 비즈니스 모델이 될 것이다.

책 쓰기는 연공서열이 아니다. 책을 쓰는 것은 나이가 많거나 경험이 많다고 잘 쓰는 것이 아니다. 직장에서 인기 있거나 돈이 많은 순서대로 책을 쓰는 것도 아니다. 시장의 니즈에 부합하는 글감을 통해 글로 실행하느냐의 차이다. 깊숙한 전문 분야가 아니어도 된다. 직장에 다니면서 내가 느꼈던 일이나 일 잘하는 사람들의 특징을 책으로 낼 수도 있고, 내가 속해 있는 회사의 강점을 쓸 수도 있다. 그것은 평사원부터 임원까지 누구나 쓸 수 있다. 한편 여름 휴가 때 여행을 다녔던 스토리를 계속 글로 모아두었다가 책으로 출간할 수도 있는 것이다. 결국 지식과 경험이 없어서 못 쓰는 것이 아니라, 그것을 구체적으로 실행하지 못해서 출간하지 못하는 것이다.

그렇다면 직장인들은 어느 시점에 자신의 지식과 경험을 실현시켜서 책을 써야 할까? 단언컨대 40대가 된 바로 지금이다. 40대는 직장에서는 최고점을 찍고 있을 것이며, 가정에서는 결혼과 육아에서 시간적 여유를 가질 수 있는 시기이기 때문이다. 뭐든지 때가 있고, 그 시점은 본인이 만드는 것이다. 지금도 책 쓰기 분야를 모르거나 필요성을 못 느낄 수도 있다. 물론 그럴 수 있고 내 주위에서 책을 냈다고 해서 내가 따라서 책을 낼 필요는 없다. 그럼에도 불구하고, 곰곰이 생각해 보면 40대 즈음에는 직장인들이 책을 내기에 가장 적당한 나이라고 확신한다.

내가 이 책을 쓰면서 가장 중심이 되는 타깃 독자는 직장인들이며, 마흔 전후의 독자들이다. 그 이유는 직장인들이 책을 쓸 필요가 없다는 인식에서 벗어나기를 바라는 마음이 간절하기 때문이다. 지금의 직장인들은 자신이 습득할 수 있는 지식과 경험에 대한 배움의 기회를 중시한다. 그리고 그것이 충분한지 여부에 따라 직장을 선택하기도 하고 때로는 떠나기도 한다. 지금 시대를 사는 직장인들에게 업스킬링(Upskilling)과 리스킬링(Reskilling)은 매우 중요한 단어가 되었고, 그런 단어는 열정과 갈망을 더욱더 부추기고 있다.

사실상, 지금의 직장인들은 자신을 위해서 직장생활을 하고 있다. 그들은 직장에서의 경험을 자신의 수익이나 창업에 연결하려고 한다.

책 쓰기에도 이런 측면을 잘 활용해야 한다. 40대에 접어들었다면 회사에 남을 것인지, 내가 가진 지식과 경험을 통해 새로운 기회를 찾을 것인지를 결정해야 한다. 이제는 우리 모두 내가 누구인지 증명해야 한다.

마흔에 도전해서 성장하는 1인 1책 시대

사람들이 인생을 살아가면서 반드시 이루고 싶은 버킷리스트 중 하나가 책을 출간하는 것이라고 한다. 예전에는 은퇴 즈음에 자신의 인생을 되돌아보면서 책을 쓰는 경향이 많았던 걸로 기억된다. 그러나 최근에는 그 연령대가 점점 낮아져서, 이제는 젊은 3040세대가 인생의 두 번째 도전을 위해 책을 쓰는 경우가 상당히 많아진 것을 볼 수 있다. 나이를 떠나서 자신이 처한 상황이 좋다면 좋은 대로 쓸 이유가 있고, 힘든 상황이면 힘든 상황대로 쓸 이유가 있는 것이다.

많은 저자들이 우연이든 필연이든 책을 쓰게 된 결정적인 계기가 있다. 책을 출간하려는 추상적이고 막연했던 소망은 그렇게 우리 앞에 다가온다. 한 분야에서 명성을 떨치고 있어서 출간 제의가 들어오는 경우도 있지만, 대부분의 경우는 내가 독자들에게 전달하고자 하는 메시지가 있어서 스스로 도전하는 경우다. 책을 쓰는 것은 인생의 드라마이고, 드라마처럼 우리에게 다가올지도 모른다. 책을 쓰는 목적은 다르다. 그러나 누구에게나 내 안에 존재하는 소중한 글감이나 소재는 존재한다. 그것은 하늘에서 뚝 떨어진 특별한 소재가 아니라, 기존에 내 안에 있었던 글감일 것이다. 결국, 한 편의 책을 쓰는 것은 자신이 가진 글감을 통해 저자의 경험과 생각을 어떻게 차별화시켜서 독자들에게 전달할 수 있느냐의 문제다. 그렇기에 그 평범함 안에서도 관점을 달리하면 충분한 가치가 있는 소재로 거듭날 수 있는 것이다.

예전에 글쓰기 모임에 참석하면서 우연히 알게 된 사실이 있다. 그것은 다양한 세대의 많은 분들이 글을 쓰고 있고, 책을 출간하려고 도전하고 있다는 사실이다. 그들은 대학생부터 직장인, 교수, 1인 기업가, 사업가 등 다양한 위치에서 자신만의 스토리를 이야기하기 위해 노력하고 있었다. 결국 글쓰기가 책 쓰기의 완성까지 이루어졌는지는 알 수 없으나, 근본적인 목적이 무엇인지 문득 궁금해지기도 했다. 과연 어떤 점이 이분들을 책 쓰기로 인도한 것인지 생각해보게 되었다. 브랜딩을 위한 수익화? 명예를 위한 자아실현? 베스트셀러 작가? 목적도 다르고 자신이 가진 보석도 다르지만, 결국 그들은 장엄한(?) 책 쓰기를 위해 이렇게 만난 것이다.

거듭 말하지만, 책 쓰기는 최고의 자기계발이다. 필자는 책을 출간할 때마다 책을 쓰는 과정이나 결과는 매력적인 장점이 충분하다는 생각을 한다. 그리고 모든 세대에게 필요한 자기계발임을 알게 되었다. 특히 그중에서도 40대 이후가 되면 자신이 그동안 살면서 경험한 노하우가 빛나는 보석 같은 소재가 된다. 이 시기는 책을 쓰기에 가장 적절한 시기라서 가장 많은 독자들에게 감흥을 줄 수 있다고 생각한 다. 마흔이 가까웠다면, 그리고 마흔이 어느새 훌쩍 넘었다고 하더라도 책 한 권을 쓰길 기원한다. 그것이 여러분의 인생에 활기를 주고, 성취감과 자신감을 줄 것이다. 사색과 공부의 시간이 될 수도 있다.

책을 출간하려는 것이 부담스럽다면 일단 자신의 발걸음을 잠깐 멈추고 글을 써보라고 권해보고 싶다. 분명히 좋은 소재들이 있을 것이다. 그리고 그 안에서 보석 같은 소재를 발견했다면 글을 조금씩 써나가면 된다. 최종 목적지가 책이 되면 더 좋겠지만, 그렇지 않더라도 글쓰기는 여러분에게 많은 것을 안겨줄 수 있다고 본다. 인생은 절대 하루아침에 이루어지는 것이 아니다. 하루아침에 성공할 수도 없고, 한순간에 무너지지도 않는다. 그것이 인생이다. 현재의 나는 과거의 내가 조금씩 조금씩 합쳐져서 만들어진 것이다. 그리고 현재는 앞으로의 나의 방향을 알려줄 것이다.

최근에는 자기 브랜딩의 시대가 되었다. '조직 속의 나'가 아닌 '브랜딩된 나'로 거듭나야 한다는 것이다. 그 중심에는 자신만의 콘텐츠가 있어야 하고, 그것은 결국 남들과 차별화할 수 있는 경쟁력이 되는 것이다. 나만의 보석은 분명히 존재한다. 다만, 그것을 나 자신과의 대화를 통해 찾아내고 실행에 옮겨야만 한다. 그래야만 결국 글쓰기, 더나아가 책 쓰기로 발전하게 되는 것이다. 자신의 능력이 남들보다 뛰어나서 책을 쓰는 것이 아니다. 오히려 겸손한 자세로 내가 더 배우고 공부하기 위해 책을 쓰는 것이다. 내가 부족한 부분을 극복하며 책을 쓴다면 나의 경쟁상대인 그들보다 몇 걸음 더 나아가는 인생을 살게 될 것이다.

40대가 되면 나의 강점을 표현할 줄 알아야 한다. 그러지 않으면 아무도 나를 알아봐주지 않는다. 그것은 조직 안에서 직장생활을 하든 지식창업을 하든 마찬가지다. 그 나름 대로의 이유가 있고, 그것을 채워나가야 한다. 특히, 제2의 인생을 준비하는 40대는 간절함을 가지고 책 쓰기를 통해 그동안에 쌓아온 내공을 표현해야 한다. 책 쓰기는 이제 어느 유명인이 썼는지가 중요한 것이 아니고, 어떤 내용을 통해 독자들에게 어필할 수 있는지가 중요한 시대가 되었다. 나를 표현하고 나를 소개할 수 있는 책 한 권을 만들어보길 바란다.

우리가 책 한 권을 쓰기 위한 보석을 찾을 때, 내가 한 분야의 전문가라면 더더욱 좋다. 그러나 전문가가 아니어도 그 분야에 관한 관심이 있고 지속적인 생각을 해온 사람이라면 책을 쓸 자격이 있다. 가장 중요한 점은 지금 당장 시작해야 한다는 실행력이다. 미루면 결국은 포기하게 된다. 나도 버킷리스트 중의 하나였던 책을 언젠가 나중에 쓰려고 했던 것이 사실이다. 그러나 생각이 머릿속에 있다 보니 그 시기가 빨라진 것이다. 지금 생각해보면 '더 일찍 썼으면 어땠을까?' 하는 아쉬움마저 든다. 내가 호기심을 가진 분야가 있다면 당장 노트북을 펼쳐 글을 쓰길 바란다. 매일매일 성장하는 나 자신을 발견하게 될 것이다.

　마흔이 되기 전이나 후에 내 책 한 권을 갖는다는 것은 매우 의미 있는 일임을 다시 한번 되새기기를 바란다. 만약 책 출간으로 큰 영향력이나 수익 창출이 되지 않더라도, 그것은 내가 과거를 돌아보고 미래로 나아가는 데 큰 전환점이 될 것임이 분명하기 때문이다. 필자가 만난 저자 중에 유명 공기업에서 정년 퇴임하신 분이 있었다. 그는 "내가 양 저자님의 나이에 책을 썼더라면 좌충우돌하더라도 더 기회가 많고 더 행복했을 거 같아요"라고 말했다. 그는 나보다 더 안정된 직장에서 오랜 근무 후에 정년퇴직을 했지만, 내심 나를 부러워하는 말에 기분이 좋으면서도 묘한⟨?⟩ 느낌이 들기도 했다. 누구든 토끼와 거북이의 경주처럼 목표를 향해 방향성과 지속성을 가지고 도전해야 한다. 그렇게 도전하면, 책 쓰기뿐만 아니라 더 큰 소망과 과제들도 결국 이루어질 것이라 굳게 믿는다. 인생에서 누가 더 먼저 자신만의 책 한 권을 통해 브랜딩을 해서 경쟁력을 가질 수 있는지가 중요하다는 사실을 어느 순간 깨닫게 되었다.

　인생의 절반쯤에 왔을 때, 직장생활이나 사업을 10년 이상 했다면 쓸 글감은 분명히 존재한다. 만약 지금은 찾기 힘들어도, 내가 앞으로 관심을 갖고 있는 분야에서 찾아낼 수도 있으니 쓸거리는 충분하다. 회사에서 높은 직책을 맡거나 사업에서 큰 성공을 거둘 때까지 기다렸다가 책을 쓰려고 마음먹고 있다면 그것은 착각일 수도 있다. 책은 유명한 사람이 되었을 때 쓰는 것이 아니다. 오히려 너무 유명해진 사람보다 내가 따라 할 수 있을 정도의 사람이 독자 입장에서 더 매력이 있다. 그리고 더 큰 부가가치를 얻을 수도 있다.

다시 말해, 한 분야에 대한 전문가의 반열에 올라선 사람보다 전문가로 발돋움하고 싶거나, 그런 열정과 노력이 있는 사람이 책을 쓰면 성장의 가속도가 커질 수 있다는 것이다. 그런 면에서 30대 후반이나 늦어도 40대 초반에 자신의 첫 책을 쓰는 것은 매우 의미 있는 일이 될 것이다. 지금 도전하는 자에게 더 많은 기회가 손짓할 것이다.

3장

내 인생 첫 번째 책 쓰기
16주 플랜
[책 쓰기]

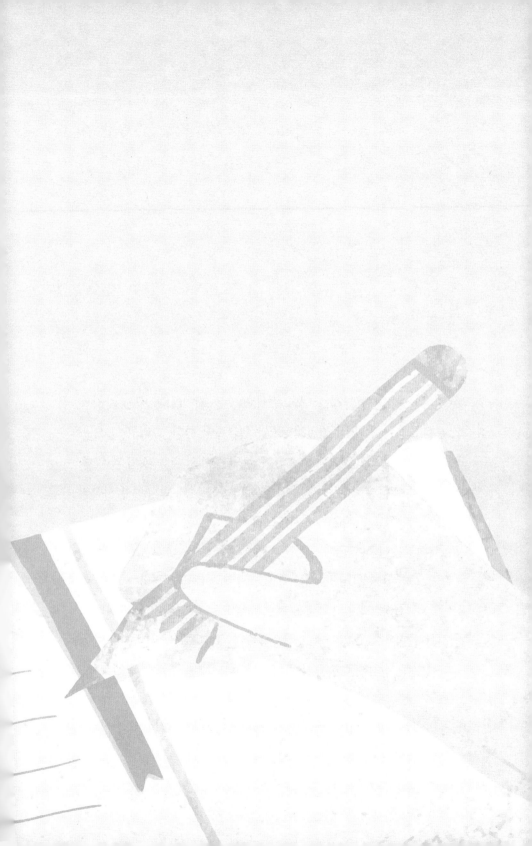

내가 말하고자 하는
주제 및 메시지 찾기 1주

　　기획의 첫 번째 단계는 책의 주제를 찾는 것이다. 주제는 타깃독자, 콘텐츠, 메시지와 잘 연결되는지를 체크해야 한다. 그리고 그 요소들은 서로 긴밀하게 연결되어야 하며, 본인 안에서 찾는 것이 가장 좋다. 내 안에서 찾을 수 있는 장점을 극대화하고 나의 방향성과 시장의 흐름을 종합적으로 파악해야 한다. 그러나 그것이 만약 적절치 않을 경우, 다른 매체나 최근에 출간된 책들을 살펴보며 나의 방향성과 맞는 주제를 찾아야 한다. 주제를 찾으면서 샘플북을 선정하는 것도 매우 중요하다. 그 책이 나의 롤모델로서 앞으로 출간까지 등대가 되어줄 것이기 때문이다. 타깃 독자들의 니즈를 만족할 수 있을 주제인지도 다시 한번 점검해볼 필요가 있다.

　　기획 단계가 그냥 '어떤 책을 써야지'라고만 생각한다면 최소 1~2

개월 정도 고민할 필요가 뭐가 있겠는가! 그러나 기획에 대한 깊이 있는 고민은 매우 중요하다. 제목과 목차가 책 쓰기 완성의 50%라고 하는데, 최초의 주제를 기획하는 단계 역시 그에 못지않게 중요하다. 그 첫 단추가 잘 설정되어야 한다. 그 주제에 대한 기획이 잘 진행되었을 때 제목과 목차도 순조롭게 진행되는 것이다.

책을 쓰는 것에 대해서 많은 것에 비유하지만, 그중 요리와도 비슷한 측면이 있는 것 같다. 어떤 요리를 할 것인지 고민을 하는 시간은 길지만, 막상 요리하기 시작하면 탄력이 붙어 속도가 빨라진다. 어떤 음식을 만들 것인지에 대해 고민하는 것처럼, 책을 쓸 때도 주제 및 메시지를 찾기 위해 많은 시간이 걸릴 수도 있다. 그리고 그것은 지루하고 무료(無聊)할 수도 있지만, 초고를 쓰는 것보다 더 중요한 시간이라고 할 수 있다. 글감을 찾고 주제를 결정하고 핵심 키워드와 내가 전달하고 싶은 메시지를 결정하는 과정을 거친다. 그런 과정은 목차로 들어가기 위해 튼튼히 해야 할 책 쓰기의 첫 과정인 셈이다.

우리는 주제와 메시지를 고민할 때, 독자들의 관심과 구입해서 볼 만한 가치가 있는지를 검토해야 한다. 그리고 시대 흐름을 반영해야 하며, 비슷하거나 같은 주제의 경쟁 도서와 차별화할 수 있어야 한다. 주제에 따른 정확한 메시지 전달은 매우 중요하다. 메시지는 독자들에게 많은 것을 전달하고 도움이 되도록 해야 한다. 또한, 메시지는 주제를 뒷받침하는 것이어야 한다.

그렇다면 주제는 어떻게 찾아야 할까? 주제는 저자 자신의 인생 속에서 발견하고, 그 주제를 통해 내가 성장할 수 있어야 한다. 그리고 주제를 통해 독자들에게 메시지를 전달할 수 있어야 한다. 내 안에 있는 주제는 시장성이 있어야 하며, 나의 앞으로의 방향성과도 일치해야 한다. 독자들에게는 저자가 전문가라는 사실을 인식시킬 수 있도록 해야 한다. 그만큼 저자는 해당 주제에 대해 자세히 알아야 하고, 자신감이 있어야 한다. 만약 자신이 잘 모르는 분야를 주제로 잡는다면 저자가 집필하기가 어렵거나 독자들이 크게 실망할지도 모른다. 결국 저자 자신의 장점과 자신감이 잘 나타나는 주제를 선택해야 한다. 그런 주제를 선정했을 때 독자들도 만족스럽고 저자 자신도 성장할 수 있을 것이다.

주제를 선정할 때 고려해야 할 요소

• 주제를 차별화할 수 있는가?
• 주제에 맞는 타깃 독자는 누구인가?
• 나만의 강점과 특징을 나타낼 수 있는 주제인가?
• 현재의 시대 흐름과 잘 맞는가?
• 내 주제를 통해 독자의 니즈와 원츠를 해결할 수 있는가?

저자는 서점과 도서관을 자주 다녀야 한다. 그래야만 어떤 주제의 책이 있는지, 잘 팔리는지 평상시에 파악할 수 있다. 주제를 선정한 후에도 어떻게 비슷한 주제를 다른 관점에서 펼칠 것인지에 대한 심도 있는 고민이 필요하다. 그동안 책을 읽으면서 메시지를 얻기만 했다면, 이제는 저자로서 독자들에게 자신의 생각을 메시지로 전달해야 한다.

저자의 메시지는 책을 읽고 난 후에 오랜 여운이 남을 수 있도록 잘 전달해야 한다. 그렇게 된다면 독자들에게 오래 기억될 뿐만 아니라, 주위 지인들에게도 책을 추천해줄 수 있는 계기가 될 것이다. 그래서 주제와 메시지는 첫 스타트이면서 전체적인 흐름상 중요하다. 그리고 이것은 저자가 원고를 쓰는 내내 머릿속에 머물고 있어야 한다.

주제를 먼저 선택하고, 그에 맞는 메시지를 한 문장으로 결정해야 한다. 주제와 메시지를 잘 결정해야 그다음으로 제목과 콘셉트를 통해 독자들의 관심과 흥미를 이끌어낼 수 있다. 주제와 메시지가 긴 바다를 항해하는 데 있어서 첫 방향점이 되는 것이다. 첫 방향이 목적지를 향해 제대로 가야 그다음에 계속 노를 저으면서 시간을 절약할 수 있다. 그리고 다음 단계로 계속 나아갈 수 있을 것이다.

메시지는 감동을 줄 수도 있고, 깨달음을 줄 수도 있다. 또한, 격려와 응원을 할 수도 있고, 재미와 흥미를 주는 메시지를 줄 수도 있다. 결국 메시지는 주제를 통해 어떤 방식으로든 독자에게 전달이 될 것이다. 다만, 저자는 분명한 의도와 목적을 가지고 책을 써야 한다. 한 권의 책이 완성되었을때, 구체적인 메시지가 있는지 여부는 매우 중요하다. 그것이야말로 이 책이 출간된 존재 이유이기 때문이다.

메시지가 있어야 하는 이유 3가지

- 독자들에게 정보와 교훈을 제공해야 한다.
- 독자들에게 희망과 용기를 준다.
- 독자들이 실천할 수 있는 동기부여를 하게 해준다.

깊이 있는 경쟁 도서 분석 및
제목과 콘셉트 잡기 1주

내가 쓰려는 주제와 비슷한 경쟁 도서나 유사 도서가 있다는 것은 당연하다. 누군가 이런 고민을 하고 해결책을 제시하려고 했다는 증거이기 때문이다. 또한, 내가 선택한 주제가 없다는 것은 시장에 그 주제에 대한 수요가 없다는 뜻이기도 하다. 경쟁 도서는 선의의 경쟁자로서 내가 차별화할 수 있는 동기부여의 대상이다. 결국 같은 주제에 대해 어떻게 나만의 시선으로 차별화시킬 수 있는 콘셉트로 접근할 것인지가 핵심이다. 다만, 지금 내가 관심 있거나 생각했던 것들이 '메타버스'처럼 시대를 앞서가는 그런 종류의 서적이라면 경쟁 도서가 별로 없을 수도 있다. 그렇다면 비슷한 흐름의 다른 책을 읽어서 영감을 얻어도 된다.

그럼 경쟁 도서와 유사 도서는 어떻게 다른지 생각해보자. 내가 생각하는 경쟁 도서는 내가 결정한 주제 안에서 가장 비슷한 책을 말한다. 그리고 그 책들 중에 독자의 반응을 일으켰던 책 몇 권을 뜻한다. 경쟁 도서 중 한 권은 샘플북처럼 선정할 수도 있다. 유사 도서는 주제를 좀 더 폭넓게 바라보면서 키워드를 검색해 여러 관점의 시선으로 출간된 참고할 만한 책들이다. 일부 키워드만 나와 비슷할 수도 있고, 나와 다른 생각을 할 수도 있고, 독자의 반응이 좋지 않았던 책일 수도 있다. 유사 도서는 조금이라도 내용이 참고할 만하다면 폭넓게 살펴보는 것이 좋다.

경쟁 도서는 경쟁자이자 내가 닮고 싶은 책이므로 반드시 깊이 있게 읽어보아야 한다. 핵심 내용과 소감을 메모하기 바라며, 여러 번 읽어봐도 좋다. 반면, 유사 도서는 좀 더 빠르게 발췌독을 하며 살펴보면 된다. 유사 도서는 필요한 부분과 관심 있는 부분만 살펴보는 것이 효율적일 것이다. 경쟁 도서는 여러 번 볼 것이므로 서점에서 반드시 구매해야 하며, 유사 도서는 구매해도 되고 도서관에서 빌려서 참고해도 된다고 생각한다. 물론 자신이 오래도록 곁에 두고 간직할 만한 좋은 내용이 많다면 구매하는 것이 좋다. 사실, 이런 과정에서 시간이 생각보다 많이 소요되므로, 책을 쓰기 위한 분석 과정은 평소에 독서를 많이 해왔던 예비 저자가 훨씬 더 유리한 것이다. 기존 배경지식도 있고, 지금의 집중 독서에서도 책을 고르는 안목과 읽는 속도 면에서 훨씬 빠르기 때문이다.

경쟁 도서를 찾을 때는 키워드 중심으로 찾으면 된다. 내가 결정한 제목에서 살펴보면 내가 전달하려는 키워드가 최소 2~3개 있을 것이다. 그 핵심 키워드로 검색한 책 중에서 목차를 다시 한번 살펴보고 선정해보면 좋다. 제목의 키워드와 함께 목차의 핵심 키워드를 같이 살펴보아야 한다. 키워드에 따라서는 경쟁 도서가 너무 많을 수도 있고, 별로 없을 수도 있다. 자세하게 분석하며 살펴볼 책들과 참고할 책들은 아무리 많아도 30여 권 이내면 될 듯하다. 만약 추가로 필요한 책들이 있다면 초고를 쓰면서 참고하면 될 것이다.

너무 많은 양의 책을 분석하는 것은 시간의 효율성 측면에서 소모적일 수 있다. 그리고 반대로 그 분야에 대한 전문가가 아니었다는 뜻이 되기도 하다. 그래서 아무리 많아도 30여 권이 넘어가면 기획 단계나 자료 수집 시간이 생각했던 것보다 훨씬 더 소요될지도 모른다. 그것은 마라톤 훈련 단계에서 달릴 준비를 하면서 경쟁자들의 뛰는 모습만 비디오로 계속 분석하는 것과 같은 이치다. 비디오 분석보다 더 중요한 것은 실제 달려보면서 스스로 느껴보는 것이다. 그러면서 추가로 비디오 분석을 해도 된다.

경쟁 도서 및 유사 도서의 저자는 나와 생각과 관심사가 비슷하며, 나를 앞서간 선배라고 볼 수 있다. 그러므로 경쟁의식보다는 애정과 존경심을 가지고 읽으며 분석하기를 바란다. 그러면 훨씬 더 많은 효과를 얻을 수 있을 것이다. 사실 모든 것이 그렇듯이 독서도 내가 어떻게 받아들이고 적용하느냐에 따라 실천 결과가 달라진다.

경쟁 도서의 분석을 하는 가장 큰 이유는 콘셉트와 제목을 잘 결정하기 위해서다. 콘셉트는 내가 독자들에게 다가가야 하는 접근 방향이 될 수 있고, 제목은 그 방향에 따른 한 문장의 핵심 키워드 표현이 될 것이다. 내가 기획 단계에서 결정한 콘셉트는 지금 확정되어 진행되지만, 제목은 내가 초고를 쓰는 과정이나 다 쓴 후에 수정할 수도 있다. 출간 직전에 출판사의 편집팀 회의의 결정에 따라서 변경될 수도 있다. 그럼에도 처음에는 제목을 일단 잘 지어놓는 것이 좋다. 저자는 제목과 목차에 따라 글쓰기를 해나가기 때문에 큰 그림이 잘 완성되어야 초고가 일관성 있게 진행될 수 있다.

제목과 긴밀한 연관이 있는 것이 콘셉트다. 그래서 콘셉트에 대해서도 제목과 함께 충분한 고민을 해야 할 것이다. 주제가 핵심 키워드라면 콘셉트는 나의 관점이라고 할 수 있다. 그래서 콘셉트는 약간 추상적이지만, 책 쓰는 전반에 스며 들어가야 하는 필수적인 요소라고 보면 될 것이다. 콘셉트를 잡으려면 어떤 독자가 타깃인지가 분명해야 하고, 타깃은 좁고 구체적일수록 좋다. 주제가 결정된 후에 타깃 독자 설정, 그리고 콘셉트 및 제목의 설정은 주제를 표현하더라도 어떻게 좀 더 독자들에게 흥미롭고 차별화된 요소로 접근할 것인지에 대한 것이라고 보면 된다. 다시 말해, 내가 가진 지식과 경험을 통해 어떻게 다른 메시지와 콘셉트로 차별화할 것인가가 책 쓰기 기획의 가장 중요한 요소다.

제목은 출간 장르에 따라 분위기가 다르기도 하다. 에세이의 경우에는 핵심 키워드와 더불어 위로가 되고, 감동적인 제목을 선호한다. 에세이는 다른 어떤 분야보다 제목이 중요한 장르다. 시집이나 에세이를 보면 책 제목만 보고 있어도 힐링되는 경우가 많다. 그리고 그 책은 왠지 그냥 들고 다니면서 하루 중에 10분이라도 읽고 싶은 느낌을 준다.

제목의 형태는 콘셉트에 따라 문장형의 형식이 될 수도 있고, 명사형이 될 수도 있다. 그리고 그 제목 안에는 핵심 키워드가 몇 개 존재한다. 그 핵심 키워드는 전체적인 목차와 본문 내용의 흐름을 끌고 가야 한다. 그것이 초고를 쓰는 내내 머릿속에 있어야 한다. 따라서 제목은 핵심 중의 핵심 키워드다.

필자가 제목을 지을 때 쓰는 방법은 베스트셀러를 무작정 따라 하기보다는 먼저 명사형으로 할지, 서술형으로 할지 결정한다. 그 뒤 핵심 키워드로 책 제목을 조합해본다. 이렇게도 해보고 저렇게도 해보다 보면 몇 개가 나오게 되는데, 그중 어떤 것이 좋을지 독서 모임 지인이나 책을 출간한 경험이 있는 저자들에게 의견을 물어보면 좋다. 이럴 때 초보 저자의 경우에는 지인 중에서 타깃 독자에게 물어보는 것도 좋은 방법이 될 수 있다. 오히려 출간 경험이 없는 타깃 독자가 예비 독자 입장에서 솔직담백하게 의견을 제시해줄 수도 있다. 최종 결정은 출판사를 만나기 전까지는 일단 저자의 몫이다. 제목은 그 책을 처음 본 사람에게 보여주는 첫인상이다. 너무 얌전할(?) 필요도 없고, 너무 선정적일 필요도 없다. 솔직담백하게 시대의 흐름에 따른 나만의 인사이트로 표현하는 것이 정답이다. 출간 후에 우리가 브랜딩 수익화를 하려면 먼저 그 핵심 키워드의 방향이 명확하게 설정되어야 하는데, 그것이 제목에 담겨 있으면 된다. 지금까지 살펴본 경쟁 도서 분석을 통한 콘셉트와 그에 따른 제목을 짓는 단계는 목차를 구성하기 전에 잘 완성되어 있어야 한다. 그래야만, 목차 구성이나 초고집필 과정으로 부드럽게 넘어갈 수 있다.

좋은 제목의 3요소

- 독자들에게 메시지를 전달해야 한다.
- 독자들의 관심과 흥미를 끌어야 한다.
- 핵심 키워드를 담고 있어야 한다.

논리적이고 체계적인
목차의 완성 1주

이제는 생각에 머물지 않고 펜을 들어서 기획을 완성해야 하는 목차 단계다. 이 단계에서는 많이 기록하고 체계를 조금씩 만들어나가야 한다. 목차를 고민하고 계속 수정하다 보면 내 생각의 흐름을 다시 한번 일깨워주는 자료가 될 것이다. 또한, 목차는 내가 전달하고자 하는 많은 내용을 체계적이고 논리적으로 구성하는 과정이다.

목차를 작성하려면 내가 전달하려는 주제와 연관된 30여 개 이상의 문장을 작성해보는 것이 좋다. 그중에서 주제와 제목 그리고 콘셉트에 잘 부합하고 수렴하는 큰 줄기를 6개 큰 목차로 구성하면 된다. 그것이 첫 목차의 구성이다. 작은 목차는 큰 목차를 구성한 후에 구체적으로 큰 목차를 잘 표현해낼지에 대해 고민하는 과정이다. 목차는 논리적이고 일관성 있게 연결되어 있어야 하며, 제목과도 계속 연관되어 있어야 한다.

좋은 목차는 결국 제목과 주제를 장마다 잘 나타낼 수 있도록 표현해야 하며, 독자들의 관심을 끌고 독자의 니즈까지 충족할 수 있도록 구성되어야 한다. 너무 어려운 말보다는 쉽게 표현할 줄 알아야 한다. 내가 쓰려는 분야가 에세이나 여행책이라면 서술형이 좋을 것이고, 경영·경제서라면 짧은 명사형이 더 나을 수 있을 것이다. 이는 제목과 목차에 적용되는 일반적인 법칙⑦이다. 반드시 지켜야 할 원칙은 아니지만, 대체로 이렇게 해야 그 느낌을 살릴 수 있으므로 참고할 필요가 있다. 목차를 작성할 때는 많은 고민이 필요하며, 충분한 시간과 검토를 통해 완성해야 한다. 그래야 안정적으로 초고를 시작할 수 있고, 중간에 재검토하는 시간 낭비를 막을 수 있다.

초고를 잘 써서 내용이 좋다고 해도 목차가 부실해서 본문 내용을 잘 표현해내지 못한다면 안타까운 일이다. 우리는 그 반대로 목차를 돋보이게 해서 본문 내용을 더 빛나게 해야 할 것이다. 목차는 예비 독자에게 유용한 정보를 줄 것이라는 확신을 주고 구매하도록 하는 결정적인 요인이 된다. 내 경험상 목차 완성은 초고를 작성하는 것보다 더 많은 열정을 투자해야 하는 단계일지도 모른다. 목차에 숙고의 시간을 투자하지 않고, 어설프게 초고를 시작한다면 그 초고는 분명 중간에 좌충우돌하며 완성 시간이 오래 걸리거나 중도에 포기할지도 모른다. 제목은 약간은 감각적이고 직관적으로 지어도 상관없지만, 목차는 본문 내용과 잘 맞게 촘촘하고 논리적으로 구성되어야 한다.

목차 구성은 대체로 Top down 방식이냐, Bottom up 방식이냐에 따라 달라진다. Top dpwm 방식은 기획의 개념이 강하고 Bottom, up 방식은 평소 블로그 글이나 칼럼 형태의 글을 모아서 상위 개념으로 재구성하는 형태를 취한다. 필자는 큰 목차를 잡고 그것에 대한 소목차를 작성하는 방식을 취한다. 그러나 반대로 작은 주제들이 소목차로 자리 잡는다면 그것에 대한 상위 개념의 목차를 넓혀가면서 작성하면 된다. 어떤 목차 구성 방식이든 얼마나 논리적으로 목차들이 짜여 있으며, 연관성이 있도록 부드럽게 이어지느냐가 중요하다. 목차에는 내가 처음부터 목표로 했던 독자들을 만족시킬 수 있는 키워드가 있어야 한다. 그리고 그것은 제목을 향해서 집중되는 형태의 목차여야 하며, 목차의 상당 부분은 많은 예비 독자가 필요한 정보를 담고 있어야 한다. 만약 목차의 많은 부분이 독자의 니즈에 맞지 않거나 충족되지 않는다면, 독자는 구매하지 않을 것이기 때문이다.

초보 저자들이 혼자 목차를 작성하는 것은 결코 쉽지 않다. 그래서 더 깊이 고민하고 많이 연구해야 한다. 1장에 어떤 내용이 오고, 6장에 어떤 내용이 올 건지도 고민해야 한다. 그것이 목차의 전략적인 배치이자 구성이다. 기-승-전-결로 구성할지, 서론 - 본론 - 결론으로 구성할지도 결정해야 한다. 더 나아가 목차의 키워드 및 내용까지도 전략적으로 고민해야 한다. 결국은 자신의 독서량과 주제를 바라보는 인사이트가 승부를 결정한다.

저자는 모든 목차 내용을 심혈을 기울여 쓰지만, 독자 입장에서의 관심과 흥미는 차이가 있을 수 있다. 목차의 전략적인 구성과 배치를 함으로써, 앞부분부터 끝까지 흐름대로 읽을 수 있도록 흥미를 유도해야 한다. 독자들이 한 권의 책을 끝까지 읽는 것은 어찌 보면 저자의 책임이 상당 부분 존재하는 것이다. 독자의 관심이 3장이나 4장에 있더라도 처음 서론 부분이 부드럽게 도입된다면 읽기가 훨씬 수월할 것이다. 그 역할을 목차의 전략적인 배치나 재구성이 담당한다.

필자는 독서를 하다 보면 어떤 책은 관심 있는 부분까지 읽는 과정이 지루해서 본론부터 읽는 경우도 간혹 있었다. 결국 목차의 구성은 내 위주가 아닌 독자가 읽을 때 흥미롭고 편안한 흐름으로 이어질 수 있도록 해주어야 한다. 목차가 짜임새가 있으면 그 책은 독자들이 일단 구매할 가능성이 크다. 독서를 많이 하면 할수록 목차만 봐도 얼마만큼 저자가 논리적인 구성 능력이 있는지 알 수 있기 때문이다.

우리는 책 쓰기가 한 편의 예술 작품임을 잊지 말아야 한다. 한 편의 드라마나 영화, 연극 무대 위에서 배우가 연기를 하는 것과 비슷한 예술 작품이다. 그런 측면에서 우리는 더욱 긴장하고 또 긴장해야 한다. 방송이 한번 방영되면 그것을 다시 수정하거나 되돌릴 수 없듯이, 책 역시 출간되고 나면 다음 인쇄 때까지 내용을 바꾸기 어렵다. 그런 의미에서 목차부터 논리적이고 체계적으로 구성하는 데 온 힘을 기울여야 한다. 원고를 다 쓴 이후에 편집 과정을 할 때도 표지 디자인을 바꾸거나 문맥상 내용이나 맞춤법은 수정할 수 있다. 그러나 전체적인 맥락이나 목차를 다시 재조정하는 것은 상당한 고충이 따를 것이다.

목차에는 제목에서 한 줄로 표현하지 못한 더 구체적인 핵심 메시지를 목차별로 제시해야 한다. 그것이 전체적인 큰 줄기이며, 그 내용은 독자들이 내가 필요한 책인지 판단할 수 있는 기준이 된다. 내가 예측하는 타깃 독자에게 책을 사야 하는 이유를 분명히 보여주어야 한다. 사실, 예비 독자들은 구매를 할 때 본문까지 읽을 시간이나 여유가 없다. 많은 독자들은 최근의 출판 흐름에 따른 베스트셀러를 찾거나, 자신이 원하는 분야의 책을 검색해서 대략적으로 목차를 살펴본 후에 구매하는 경우가 대부분이다. 온라인 서점에서 구입하는 비중이 높아진 요즘, 경쟁 도서와 비교해서 내 책의 목차에서 보여줄 수 있는 장점이 무엇인지 더 깊이 고민해보며 목차를 써야 한다.

목차를 쓸 때는 먼저 중제목이 큰 흐름을 결정했다면 그다음으로 소제목들을 만들어서 그 중제목과 잘 매칭이 되는지를 살펴야 한다. 중제목이 큰 숲이라면, 소제목은 숲속에 있는 나무들이다. 그러므로 그것은 하나의 흐름으로 짜임새 있게 이루어져야 한다. 사실 목차를 구성하다 보면 소제목은 생성되었다가 삭제되기도 하고, 다른 중제목으로 포함되기도 한다. 그럼에도 불구하고, 일단은 깊은 고민을 통해 기획 단계에서 목차를 확실하게 마무리한 후에 초고를 쓰기 시작해야 한다. 목차가 불안하면 결국 원고를 쓰면서 계속 흔들리게 될 가능성이 크기 때문이다.

거듭 말하지만, 목차는 논리적으로 짜임새 있게 연결되어야 하며, 이해할 수 있는 쉬운 언어로 작성해야 한다. 어려운 한자어를 쓰거나 문장이 너무 길어서 장황하다면 그것은 목차부터 독자들의 외면을 받을 수 있다. 너무 짧은 단어를 통해 의미를 알 수 없거나 모호하게 쓴다면, 그것은 본문 내용을 표현하는 목차로서의 의미를 상실한 것이다. 목차뿐만 아니라 본문 내용에서도 간결하면서도 명확하게 제시하는 것이 독자들의 이해를 돕는 데 가장 좋다.

우리가 살아가면서 노력은 결코 배신하지 않는다고 생각한다. 그리고 세상에 공짜 밥은 없다고 한다. 200% 맞는 말이다. 내가 살아온 경험상 어렵게 이룬 것이 더 가치 있고 오래가며 애정이 가는 법이다. 쉽고 빠르게 좋은 결과가 나오면 좋겠지만, 세상은 그렇지 않다. 오랜 시간 고민하고 연구할수록 좀 더 부드럽게 잘 다듬어진 완성된 도자기가 나올 수 있는 것이다. 만약, 과정이 좋지 않은데 결과가 좋으면 오만함을 낳을 수 있다. 그 오만함은 나중에 더 큰 실패로 이어지는 결과가 될 수 있음을 경계해야 한다. 그리고 그것은 고민의 시간을 충분히 갖지 못한 부실한 책 쓰기가 될지도 모른다.

특히 초보 저자의 경우, 첫 책을 양질의 좋은 책으로 쓰기 위해 최선을 다하라고 말하고 싶다. 책 쓰기의 과정이 좋았는데 결과가 좋지 않았다면, 그 경험을 바탕으로 다시 도전해서 최후의 승자가 되면 된다. 기획의 모든 단계에서 충실한 기본의 힘을 믿자. 그리고 그 과정 속에서 책을 쓰는 작가의 장인정신을 배우면 우리는 더 성장할 것이다. 많이 팔리는 베스트셀러가 아니라, 일단 나와 독자가 읽었을 때 포만감을 느낄 수 있는 그런 좋은 책이 되었으면 좋겠다. 최소 몇 달 동안 책을 써야겠다는 결심에서부터 콘셉트, 타깃 독자와 메시지, 그리고 제목과 목차의 과정까지 진행했다면, 일단 여러분은 성공이다. 최소 50% 이상은 해낸 것이기 때문이다.

첫 만남의 설렘과 헤어짐
- 서문과 맺음말 1주

책에서의 서문 읽기는 소개팅할 때 실제로 만나서 보는 첫인상이나 다름없다. 그동안의 제목과 목차가 소개팅 대상의 소개이고 프로필이었다면, 이제 레스토랑에 앉아서 직접 대화를 나누기 위해 나누는 첫 5분간의 대화인 것이다. 처음 5분간 대화를 나눠보면, 내가 생각했던 그 사람과 비슷한지 다른지, 앞으로 이 사람이 나에게 어떤 모습을 보여줄지 어렴풋이 알 수 있을 것이다. 눈치가 빠르다면 더 확실히 알아챌 수도 있다. 그래서 서문을 부담 없이 쓰되, 정성스레 써야 할 필요가 있다. 어깨에 힘은 빼고 담담하고 강렬하게 나의 메시지를 표현해야 할 것이다.

출판사에 전체 원고를 보냈을 때 서문을 많이 읽어본다고 한다. 서문의 강렬한 문장을 통해 계약이 이루어지기도 하고, 그 저자의 필력을 높이 사기도 한다. 독자 입장에서도 첫 느낌이 좋다면 계속 기대감을 갖고 책을 읽게 되지만, 그렇지 않다면 처음부터 책을 잘 샀는지에 대한 의문을 가질 수도 있다. 서문은 독자들에게 보내는 핵심적인 저자의 메시지다.

일반적으로 첫 책을 쓰는 저자는 서문을 쓰고 나서 본문을 쓰기 시작하는 게 좋다. 그렇다면 서문은 어떻게 써야 할지 고민해보자. 일단 서문에는 내가 이 책을 쓴 이유와 메시지, 본문 요약, 기획 의도 등을 써야 한다. 추가적으로 책을 읽으면 얻게 되는 이점, 읽어야 하는 이유 등이 명시되어야 한다. 그러나 실제 출간된 모든 책들이 서문에 이런 내용이 다 들어가 있지는 않다는 것을 알 수 있다.

사실 서문을 읽다 보면 천차만별인 것을 알 수 있다. 서문을 어떻게 써야 하는지에 대한 견해가 엇갈리기도 한다. 필자의 생각은 본문의 내용을 장별로 요약하는 것도 나쁘지는 않지만, 자신의 첫 소회를 밝히거나 내가 책을 쓰는 이유와 메시지에 관해 서술하는 것도 좋다고 생각한다. 서문은 너무 형식에 구애받거나 본문에 대한 요약을 하기보다는 좀 더 자유롭게 독자들에게 메시지를 전달한다고 편하게 생각하길 바란다. 자연스럽게 쓰는 것이 오히려 더 좋은 서문이 되지 않을까 생각해본다.

서문은 자신의 책을 제일 잘 알고 있는 저자가 느낌을 살려서 처음 이 책을 펼친 독자들에게 설명한다고 생각하면 된다. 서문의 내용은 너무 딱딱해도 안 되고 너무 감성적으로 흘러가도 안 된다. 서문을 쓸 때 처음에는 상당히 부담스러울 수도 있다. 왜냐하면 지금은 초고 원고도 쓰지 않아서 톤 앤 매너(Tone and Manner)가 잘 잡혀 있지 않은 상태이기 때문이다. 일반적으로 서문을 3페이지 정도 쓰는 경우도 많지만, 그보다 길게 쓰는 경우도 많다. 내용도 분량도 천차만별이다. 그것이 아마도 저자의 색깔인지도 모르겠다.

만약, 서문을 쓸 때 자신의 필력이 부족한 것을 느낀다면 독자들의 반응이 뜨거운 베스트셀러나 경쟁 도서를 살펴보는 것을 추천한다. 필자의 경험으로는 서문은 그다지 어렵지 않게 느껴질 만큼 할 말이 많았다. 생각해보면 서문에서 할 말이 없는 것보다는 할 말이 많은 편이 좋다고 생각한다. 그것은 본문의 원고도 각 목차마다 써나갈 수 있는 힘이 있다는 증거라고 볼 수 있기 때문이다. 여러분은 독자들에게 내 책을 읽어보라고 선물하는 입장에서 할 말이 많은지, 또는 본문에 대한 내용이 잘 정리되지 않아서 서문을 쓰는 것부터 부담되고 할 말이 잘 생각나지 않는지 생각해보기 바란다. 서문을 쓰는 게 어렵다고 느껴진다면, 잘 쓰인 서문을 필사해보고 살펴봐도 좋다. 그리고 그 패턴을 기준으로 삼아서 자기 생각을 서문에 잘 담아내면 좋겠다.

필자는 기본적으로 서문을 먼저 쓰고 난 후에 본문을 쓰는 게 좋다고 앞서 언급했다. 그것은 처음에 원고의 방향과 설레는 마음을 표현하는 것이 좋기 때문이다. 물론 서문은 나중에 초고 작성 후에 수정해도 된다. 그러나 초고를 다 쓴 후에 서문을 작성하면 더 어색하거나 책을 목차별로 요약하는 데 중점을 두게 될 가능성이 크다. 서문의 분량은 책의 페이지로 3~4페이지가 좋아 보인다. 필자의 경험상 메시지, 의도, 본문의 방향 등을 서문에 쓰다 보면 길어지는 경향이 있었다. 그렇지만, 처음부터 분량을 줄여서 쓰는 것보다 다 쓰고 난 후에 제일 좋은 문장이나 문단을 잘 간추려서 마무리하는 것을 추천한다.

서문 쓸 때 유의사항

- 어떤 독자들을 대상으로 무엇을 어떻게, 왜 썼는지 편안하게 밝히면 된다.
- 너무 길지 않게, A4 한 장이나 한 장 반 정도면 충분하다.
- 책을 쓴 목적과 계기, 이유, 기획 의도를 간단명료하게 써야 한다.
- 왜 이 책을 썼고, 왜 읽어야 하며, 읽으면 어떤 이득이 있는지 알려주어야 한다.
- 책의 구성과 활용법, 다른 책과의 차별성도 설명해야 한다.

맺음말의 내용은 책의 핵심 내용을 다시 한번 쓰거나 독자에게 바라는 점, 감사 인사 등을 담기도 한다. 책을 쓰면서 즐겁거나 힘들었던 에피소드나 간단히 감사의 인사를 적는 것이 좋다. 그리고 저자의 앞으로의 포부나 계획 등도 좋다. 일반적으로 서문보다는 맺음말이 짧은 편이다. 대략 2페이지 이내로 쓰면 될 것이다. 맺음말은 서문에 비해서 중요성이 확연히 떨어진다. 우리가 사람을 만날 때도 처음의 느낌과 실제 대화를 나누는 몇 시간이 더 중요하듯이, 헤어질 때는 그것의 연장선상에서 기본적인 예의를 차려서 간단히 인사하면 될 것이다. 맺음말 대신 참고문헌을 넣거나 생략하는 경우도 있으니 고민해보기 바란다.

- 보통 맺음말이 서문보다 조금 짧다.
- 특별한 형식이 없고 내용에 제약이 없다.
- 흔히 책의 핵심 메시지를 다시 한번 강조한다.
- 책을 쓰면서 품었던 생각이나 독자들에게 당부 또는 감사의 말을 담는다.
- 책을 쓰면서 있었던 에피소드를 소개하기도 한다.
- 내용이 미진해서 아쉬운 부분에 대해 양해를 구하기도 한다.
- 개인의 미래 계획이나 비전을 공표하기도 한다.
- 맺음말을 넣지 않는 책도 많다.

　　서문과 맺음말 이외에도 추천사를 쓰기도 한다. 추천사는 표지에 주로 들어가지만, 서문과 함께 앞부분에 추가하는 경우도 있다. 주로 전문 서적이나 부동산, 주식 책 등 경제·경영 서적의 경우가 그렇다. 추천사의 이유는 자신의 전문성을 좀 더 부각시키기 위해서다. 추천사는 경제·경영 서적 등의 경우는 약이 되지만, 자기계발서 등에는 필요가 없을 수도 있다. 그 이유는 전문성을 입증하는 어떤 교수나 기업인, 그리고 인플루언서가 추천해주는 경제·경영 서적과 달리, 에세이나 자기계발은 본인의 역량이 더 중요하다고 여기는 경향이 많기 때문이다. 유명인과 아는 사이라고 해서 그 사람의 자기계발서를 증명해주지는 않는다. 그러므로 어느 분야이며, 추천사가 필요한지 여부에 대해 신중하게 결정하기 바란다.

　　추천사는 사전에 섭외를 하는 것이 좋으며, 책과 긴밀한 연관이 있는 명사를 섭외하는 것이 좋다. 내가 친분이 있고 유명하긴 하지만, 이 책의 내용과 관련이 없으면 안 하는 편이 나을 수도 있다. 추천 명사들 사이에 편차가 있으면 서로 난감할 수도 있으니, 어느 정도 비슷한 수준의 균형감 있는 인사를 섭외하는 것이 바람직하다. 결론은 잘 아는 유명 지인보다는 섭외가 어렵더라도 책의 주제나 콘텐츠와 잘 어울리는 분을 섭외하는 것이 좋다는 것이다.

술술 써 내려가는
초고 완성 10주

기획이 끝나고 드디어 기다리고 기다리던 원고 집필의 시간이다. 물론, 이미 샘플 원고를 썼다면 나의 글쓰기 능력을 다시 한번 돌아보는 계기가 되었을 것이다. 초고를 어떻게 써야 할지 감이 왔을 것이다. 초고를 쓰기 직전인 이 시점은 내 머릿속에 어느 정도의 지식과 경험이 있어야 하고, 자료 조사 및 유사 도서 등을 참고해 내 책을 써나가야 할 방향이 명확하게 잡혀 있어야 하는 시기다. 그리고 그것을 이제부터 표현할 줄 알아야 한다.

한 가지 당부드리고 싶은 점은 초고는 초고일 뿐이니 정성 들이고 심혈을 기울여 쓰되, 비문(非文)이 있더라도 그냥 계속 써나가라는 것이다. 한 문단을 쓰는 데 너무 오랜 시간을 투자하고, 여러 번 읽다 보면 진도가 나가지 않고 계속 그 자리에 머무르게 되기 때문이다. 문장이나 문단에 대해 너무 깊게 생각하지 말고, 일단 내 머릿속에 있는 내용을 원고지나 노트북에 집중적으로 기록한다고 생각해야 한다.

초고 원고를 쓸 때는 자신의 글쓰기 실력에 너무 자책하거나 자만하지 말고 꾸준히 힘차게 써나가는 것이 좋다. 어차피 이 원고는 계속 다듬어야 할 것이다. 몇 번이 될지 모른다. 그러므로 일단은 나의 지식과 경험을 온전히 펼쳐내면 된다. 그것이 최선이다. 그 후에 살을 덧붙이고 잘 깎아내면 되는 것이다. 문장에서 가장 중요한 주어와 서술어의 일치, 그리고 호응에만 신경쓰도록 하자. 주술관계가 명확해야 중간을 자유롭게 변형시킬 수 있다.

매일 2시간 이상 A4 2장을 쓴다고 생각하자. 그래야 늦어도 4개월 안에 초고가 완성된다. 매일 하루도 빠짐없이 쓸 수 있다는 착각은 하면 안 된다. 우리는 완전한 시간을 투자할 수 있는 전업작가가 아니기 때문에, 어떤 날은 불가피하게 못 쓰는 경우도 일주일에 한두 번 발생할 수 있다. 페이스 조절은 여러분의 몫이다. 초고를 쓰는 동안 포기하고 싶은 순간도 많을지 모른다. 내가 왜 책을 쓰는지에 대한 정체성도 가끔은 잊어버릴지도 모른다. 그러나 당신의 용기와 열정으로 이를 극복해야 한다. 간절함과 열망을 갖고 꾸준한 페이스를 유지하는 것은 여러분의 몫임을 다시 한번 명심하기 바란다. 그리고 그것을 극복해낸 사람만이 한 권의 책의 저자로 기록될 수 있음을 알아야 한다.

초고를 쓰는 3~4개월은 회사 업무나 육아, 집안일을 하는 시간 외에는 거의 모든 시간을 내가 쓰고 있는 주제에 대해 생각해야 한다. 우리가 대입 시험 공부를 하거나 고시 공부를 할 때, 그 기간 동안 어떻게 하는가? 공부에 오롯이 집중하고, 다른 모든 것에 우선해서 공부해야 성취할 수 있지 않은가! 결국 그렇게 노력한 사람들은 좀 더 만족스러운 결과를 얻게 될 것이고, 그렇지 않고 다른 생각을 자꾸 하거나 다른 것에 우선순위를 뺏기는 사람은 결국 목표 달성을 못하게 될 것이다. 여러분은 지금 현실에 충실해야 한다. 때로는 운전 연습을 할 때 다음 날부터 계속 운전하고 싶은 것처럼, 당구를 한창 열심히 배울 때 잠들기 전에 천장에 당구공이 어른거렸던 것처럼 열정과 몰입이 있어야 한다. 모든 것은 우리 의식 속에서 나타난다. 영어 공부도 6개월 이상 미친 듯이 열심히 하면 걸어가면서도 영어를 하게 되고, 나도 모르게 외국인에게 말을 걸게 되기도 한다고 한다. 이렇듯이 우리는 몇 개월간은 몰입해야 하며, 내가 가진 것을 펼쳐보여야 한다.

초고를 쓸 때는 독하고 끈질기게 임해야 한다. 마라톤을 처음 뛰는 사람이 상위권에 입상할 수 있겠는가! 그렇지 않다. 결국 수십 번의 연습과 실전 경험을 통해 점점 순위권으로 가는 길이 가까워지는 것이다. 그것이 바로 인생이고, 삶이다. 그걸 즐길 줄 알고 견딜 줄 알아야 성장한다. 조금 하다가 포기하면 안 된다. 그렇게 되면 책 쓰기뿐만 아니라, 어느 분야에 도전해도 성취를 장담할수 없을 것이다. 필자는 어느 순간부터 성공이라는 말은 잘 쓰지 않으려고 한다. 대신 성장이라는 말이 훨씬 더 좋게 느껴진다. 성취를 하고 성장을 하면 어느 순간 성숙해진다.

성공은 마치 올림픽에서 모두가 최선을 다해서 열심히 노력했지만, 금·은·동메달은 3명에게만 주어지는 것과 비슷한 이치다. 그러나 올림픽 본선까지 참가하는 데 흘린 땀과 눈물, 그리고 본선 무대에서 첫 라운드에서 탈락할지라도 그동안 겪은 경험과 간절함, 그것이 성취이며 성장이다. 성공보다 성장에 중점을 두게 되면 넘어져도 계속 일어날 수 있는 힘과 꾸준히 해낼 수 있는 힘이 생기게 된다. 초고를 쓰는 동안, 조금 안 된다고 의기소침하지 말기를 간절히 바라는 마음에서 이렇게 성취와 성장의 중요성을 다시 한번 일깨워드린다.

초고를 쓸 때 체크해야 할 중요한 점이 있다. 그것은 독자들에게 정보나 감동, 더 나아가 읽는 즐거움을 주어야 한다는 것이다. 정보, 재미, 감동 이 3가지를 다 만족시킬 수는 없지만, 자기계발이나 경제·경영 서적을 썼다면 좋은 정보를 줄 수도 있고, 에세이를 썼다면 감동을 줄 수도 있으며, 소설은 읽는 내내 즐거움을 줄 수도 있을 것이다. 우리가 지금 추구하는 책은 나를 더 돋보이게 하고, 나의 지식과 경험을 통해 더욱더 앞으로 나아가야 한다. 그런 측면에서 나 자신의 기록이 아닌 독자들과 공감할 수 있는 책을 써야 한다. 많이 팔리는 베스트셀러가 되지 않더라도 독자들이 내 책에 대해 칭찬과 격려를 했을 때, 저자는 한 발 더 나아갈 수 있는 힘을 얻는 것이다. 책을 내거나 강연, 비즈니스를 하는 저자는 구매자들로부터 만족감을 얻고 감동받을 수도 있는 것이다. 실제로, 독자들로부터 잘 읽었다는 이메일이나 서평을 받을 때의 만족감은 매우 크다.

결국 이런 반응을 얻기 위해서는 많은 생각과 고민을 통해 기획하고, 초고 단계에서도 집중해서 쓰도록 노력해야 한다. 책을 경솔하고 건방지게 쓰면 결국 출간된 후에 후회가 남게 될 것이다. 신중하면서도 집중력 있게 6개월에서 1년 정도의 시간을 가지고 기획부터 출간까지 차근차근 준비해나가면 될 것이다. 초고 완성 과정은 3개월 이내일지라도 기획부터 출간까지의 전체 과정은 최소 6개월에서 1년 정도 걸리는 게 일반적이다. 사실 이 기간도 처음 책을 쓰는 저자들이나 시간이 부족한 직장인들에게는 빠듯한 시간일 가능성이 크다. 초고를 집중력 있게 쓰더라도 기획에서 소비한 시간이나 투고 및 출판사와의 일정 협의 등을 감안하면 내가 생각한 일정대로 되지 않을 수도 있다.

이제 원고를 쓰기 시작했다면 나의 강점과 차별점을 확실히 보여줄 수 있도록 써야 한다. 막연히 독자들을 의식하지 말고, 내 것에서 출발해 원고를 써야 한다. 그래야 진정성과 차별성 있는 원고가 될 것이다. 글을 잘 쓰는 것도 중요하지만, 다른 원고와 비교했을 때 내 원고의 경쟁우위, 그리고 특별한 그 무언가가 있어야 한다. 원고에 대한 방향성과 콘셉트, 메시지를 머릿속에 기억하면서 원고를 쓰기 시작해야 한다. 그리고 원고를 쓰는 동안 나만의 스토리가 일기가 되지 않도록 하기 위해 경계해야 함을 잊지 말아야 한다. 독자들은 여러분의 일기에는 전혀 관심이 없고, 자신이 원하는 정보가 많은지를 따져 책을 구매해서 읽는다. 그러므로 저자는 자신 있게 책을 홍보할 수 있을 정도로 핵심 메시지와 정보를 원고에 담아야 한다. 베스트셀러를 떠나 내가 저자 강연이나 가까운 지인들에게 홍보할 때 자신 있게 내놓을 정도의 완성도 있는 원고를 써야 하는 것이 저자의 의무이자 본분이다. 다시 말해, 원고를 쓸 때 나의 경험과 지식, 그리고 이 책에 녹아 있는 메시지가 명확해야 한다.

필자의 경험상 원고를 쓰면서 힘든 점은 중복되는 어휘나 맞춤법보다 내용적인 측면에서 문단이나 소제목 메시지의 일관성이었다. 내용의 일관성과 함께 신뢰감이 가도록 적절한 인용과 사례를 섞는 것도 필요하다. 저자가 원고를 완성한다고 하는 것은 진심을 가진 열정과 해내야겠다는 도전과 실행의 결과물이다. 독자가 내 책을 읽음으로써 독자의 지식과 실행력이 일정 수준 변화되어야 한다.

본문을 잘 쓰는 방법

• 쓸 내용이 많으면 잘 쓸 수 있다.
• 간절함과 꾸준함이 있는 사람이 더 충실하게 쓸 수 있다.
• 자료 수집을 필요한 정보만 잘 모아둔 사람이 유리하다.
• 문장 하나에 한 가지 의미만 전달한다.
• 접속사는 될 수 있는 대로 줄이고 주어와 서술어를 일치시킨다.
• 가끔 단어 사용의 묘미를 살려본다.
• 논리적인 인용 자료 및 이미지를 선택한다.
• 중복 표현이나 저자의 습관이 드러나는 문체 반복을 피한다.
• 타깃 독자가 내 앞에 있다고 생각하며 말하듯이 쓴다.
• 글이 잘 안 써질 때는 걷기와 산책으로 기분 전환한다.
• 매일매일의 체력 관리는 좋은 집필로 이어진다.

선택받는 원고 투고 및
퇴고 과정 2주

이제 초고 집필이 끝나고 저자의 퇴고가 최소 3번 이상 끝났다면, 본격적인 출간을 위한 단계로 접어들어야 한다. 출간을 위한 단계는 출간 기획서와 샘플 원고를 출판사에 보내는 원고 투고에서 시작된다. 그동안은 저자 자신과의 싸움이었다면, 이제는 외부 활동의 시작인 것이다. 중요하지 않은 과정이 어느 하나 없겠지만, 지금부터는 더 긴장하고 집중해야 한다. 출판사 투고에서 선택받지 못한다면 지금까지의 과정이 물거품이 될 수도 있고, 시간이 더 소요되거나 자비 출간 등의 방법 등으로 변경할 수밖에 없는 상황이 될 수 있기 때문이다.

초고를 완성한 후에 어떻게 할까?

- 일단 원고를 다 썼다면 독자의 눈으로 퇴고를 한다.
- 출판사 리스트를 구해서 출판사에 투고해야 한다.

- 연락이 오면 인세 및 초판 부수를 협의한다.
- 교정 및 제목, 표지 디자인 등에 대해 에디터와 논의한다.
- 개인적인 홍보 마케팅 계획을 세워서 준비한다.
- 출간 전 1개월, 출간 후 1개월이 내 책 홍보에 중요한 시기다.

출간기획서에 들어가는 내용

- 제목
- 저자 소개
- 핵심 콘셉트
- 분야 타깃 독자
- 주요 내용

- 예상 목차 및 구성
- 차별화 및 강점
- 유사 도서 및 경쟁 도서
- 출간 시기
- 홍보 전략

출판사 이메일 리스트는 기본적으로 자신이 직접 검색하거나 온·오프라인 서점에서 이메일 리스트를 적어오는 것이 가장 좋다. 일부 출판사는 홈페이지에서 투고를 접수하도록 되어 있다. 예비 저자는 평소에도 서점에 자주 가서 매대에 진열된 베스트셀러 도서나 신간 도서를 통해 내가 출간하고자 하는 분야나 종합 출판사들의 이메일 주소를 메모해두어야 한다. 이 시간은 출간 분야에 대한 시야가 넓어질 수도 있고, 출판 흐름을 알아가는 기회가 될 것이다. 또한, 최근에는 주요 출판사 이메일 리스트가 많이 공유되고 있어서 조금만 관심을 갖고 알아보면 얻을 수도 있을 것이다. 우리나라에는 출판사가 수만 개 있지만, 우리가 기획 출간으로 접근해야 될 출판사는 수백 개에 불과하다. 실제로 그 외의 출판사는 지속적인 출간이 되지 않는 소형 또는 독립 출판사이다. 따라서 자신의 분야에 맞는 기획 출간을 하기 위한 출판사 투고 리스트도 잘 구분하고 판단해야 한다. 서점에서 주기적으로 시장 조사를 하다 보면 보는 시야가 좀 더 넓어질 것이고, 추후에 책을 몇 권 내다 보면 출판사에 대한 안목이 더 많이 생길 수 있을 것이다.

여기서 내가 말하는 좋은 출판사는 대형 출판사가 아니라, 꾸준히 매달 양질의 책을 내는 출판사를 의미한다. 물론 최근의 시장 흐름을 읽을 줄 아는 출판사도 중요하지만, 실제적으로 저자의 원고를 잘 알아보고 빛내줄 수 있는지가 더 중요하다. 예비 저자가 그걸 어떻게 아느냐고 반문할 수 있다. 그것은 내가 선택받은 몇 개의 출판사와 계약을 위한 미팅을 해보면 알게 된다. 담당자와 이야기를 나누거나 기존의 출간된 책 유형을 보면 나랑 결이 잘 맞을 수 있을지에 관한 판단을 할 수 있다.

이제 출간기획서와 샘플을 보내야 한다. 내가 보내는 출간기획서와 샘플 원고는 비즈니스 협상에서의 투자 제안서와 다르지 않다. 고객이 독자이며, 투자자가 출판사다. 그러므로 내 상품인 책을 어떻게 하면 돋보이게 해야 할지는 매우 중요한 의미를 갖고 있다. 상대방이 상품의 가치를 어떻게 볼지에 대해 고민해야 하며, 그것이 선택될 수 있도록 최선의 노력을 해야 한다는 의미다. 출간기획서는 입사원서의 서류전형과 같다고 생각하면 된다. 입사원서를 쓸 때 간절함이 없는 자기소개서는 탈락의 지름길이 된다. 그러므로 내가 직접 만날 수 있는 면접의 기회를 갖기 위해 출간기획서를 상대방의 입장에서 핵심적인 내용을 적어야 한다. 샘플 원고는 6개 정도가 좋다고 보는데, 각 장마다 가장 잘 쓰여진 부분을 보내면 좋다. 사실, 모든 부분이 평균적으로 고르게 잘 쓰여야 하는 것이 맞지만, 그중에도 저자 본인이 볼 때 조금이라도 더 매력적인 부분을 보내는 편이 유리하다.

메일을 보낼 때는 보내야 할 출판사 숫자와 관계없이, 한 개씩 정성 들여 출판사의 이름을 불러주면서 보내야 한다. 그것이 우리가 투자자에게 보내는 최소한의 예의라고 생각한다. 처음에 내 책과 비슷한 분야의 책을 출간한 회사이거나 경쟁 도서를 출간한 회사에 먼저 투고해야 한다. 또한, 대형 출판사 및 종합 출판사 위주로 우선 투고해야 한다. 그 이유는 출판사가 관심 있는 분야에 대해 지속적으로 투자할 가능성이 높고, 의사결정 시간이 상대적으로 더 많이 소요되기 때문이다. 보내는 요일이나 시간은 전략적으로 월요일이나 화요일처럼 평일 오전이 대체로 좋다. 그것은 출판사의 내부 팀 회의 등을 감안한 전략인데, 대략적으로 참고하면 좋을 것이다.

출판사에 진심을 다해 투고했다면 이제는 기다려야 한다. 내 원고를 알아봐주는 출판사에서는 3일 이내에 연락이 오는 경우가 많다. 그리고 대형 출판사의 경우는 출간기획서 및 샘플 원고, 그리고 출판 시장에서의 상업적 가치를 판단하는 데 2주 이상의 시간이 소요된다. 예비저자는 수십 개의 출판사에 투고했지만, 출판사에서는 한 번에 답장이 오지 않는다. 따라서 선택과 결정의 타이밍을 잘 맞출 필요가 있다. 내 마음대로 되지는 않지만, 자신이 추구하는 방향에 따라 거절과 기다림의 완급 조절을 할 수 있어야 한다. 그러기 위해서는 자신만의 눈높이와 기준이 있어야 한다.

투고 후에 나에게 거절 메일을 보내거나 좀 더 구체적으로 거절 사유를 보내주는 메일에 대해 상처를 받을 필요는 없다. 자세한 내용이 담긴 거절 메시지는 원망할 것이 아니라, 오히려 고마워해야 한다. 대부분의 출판사는 일정한 스케줄에 따라 운영되기 때문에 시간에 쫓기는 경우가 많다. 그럼에도 형식적인 메일이나 자세한 거절 이유의 메일을 보내주는 것은 고마운 일이다. 이것은 투고를 받은 담당자가 저자의 가능성을 높게 보고 성의를 표시한 것이라고 생각하면 된다. 내 원고를 무료로 평가해준 의미로 받아들이고 내가 성장하면 된다. 원래 무관심이 가장 나쁘다고 하지 않던가?

내 경험상 투고를 받아보는 출판사 직원들은 글을 보는 기준이 까다롭고 수준이 높다. 그도 그럴 것이 수백 개의 원고 중에 옥석을 가려야 하니 엄격하지 않을 수 없을 것이다. 출판사 담당자는 여러 면에서 검토한다. 경쟁 분야에서 우월한 차별점이 있는지, 콘텐츠가 독자에게 흥미로울 수 있을지, 저자의 영향력이 있는지 등을 파악한다. 특히, 독자에게 영향력을 미칠 수 있을 것인지는 출판사 입장에서 가장 중요한 사항이다. 저자가 어떠한 활동을 적극적으로 해서 성과가 날 것인지를 보는 것도 출판사가 고려하는 중요 사항이다. 초보 저자의 경우, 출간 계약 후에 전체 원고를 출판사가 원하는 방향으로 완성하지 못하는 경우도 있어 완성 능력에 대한 부분도 고민한다고 한다.

약속된 원고가 완성되지 않는다면, 출판사에서는 난감할 일이다.

거듭 말하지만, 출판은 기획 출판, 반기획 출판, 자비 출판, 독립 출판으로 나눌 수 있는데, 우리는 무조건 기획 출간을 추구해야 한다. 그것이 책을 쓰는 이유이며, 이를 통해 성취감과 자신감도 얻을 수 있을 것이다. 원고를 선택받는다는 것은 그만큼 가치가 있어 보이고 결과가 기대된다는 것이다. 그리고 그러한 원고는 베스트셀러나 비즈니스 수익모델에 대한 브랜딩이 진행될 가능성이 높다는 의미로 받아들여야 한다. 출판사에서 선택받지 못하는 책은 독자들의 선택 확률이 더 떨어진다는 것을 다시 한번 인식하길 바란다. 우리가 생각하는 출간은 출판사와 독자가 인정해주는 기획 출간이다!

우리나라의 모든 출판사는 저자들의 책 출간을 위해 지금 이 시간에도 불철주야 노력하고 있다. 다만, 좀 더 저자 입장에서 인정받는 선택을 받길 바라는 마음에서 이런 진심이 담긴 이야기를 하고 있는 것이다. 혹자는 '내가 선택받지 못하면 돈 내고 출간하면 되지'라고 생각할 수도 있지만, 이건 원고에 대한 가치 문제일 수 있다. 그리고 그것은 자칫 '출간을 위한 출간' 습관으로 이어지게 될지도 모른다. 쉽게 얻는 것은 일시적으로 달콤한 마시멜로일지도 모른다.

그렇다면 계약 후에는 어떻게 해야 할까? 일단 초고를 완성 후에 퇴고를 여러 차례 해서 투고했지만, 아직 부족한 원고라는 사실을 인식해야 한다. 계약 후에 초고를 대체로 1개월 안에 보내게 되는데, 이

때부터 본격적인 교정 및 편집을 하게 된다. 저자가 퇴고를 몇 차례 했겠지만, 진정한 의미의 편집과 교정은 이때부터 시작이다. 결국 편집자와 주고받으면서 3교까지 하게 되는 기간이 초고 보낸 후 최소 2개월 이상 소요된다고 생각하면 된다. 이 기간에 저자 소개 및 추천사에 대해 작성하고 표지 디자인을 결정한다. 제목도 다시 한번 출판사 편집팀에서 회의를 통해 고민한 후에 저자와 상의해 결정한다.

교정할 때는 소리 내어 읽으면서 한 문장씩 검토해야 한다. 그리고 전체적인 문단의 분량이 적절한지 검토하고, 전체적인 흐름이 소제목마다 일관성 있게 진행되는지 살펴보아야 한다. 그리고 그에 따른 이미지나 인용에 대한 출처를 다시 확인해야 한다. 다음으로 문장을 꼼꼼히 살펴야 한다. 문단이 일관성 있게 전개되는지 살펴보고, 소제목에 맞게 쓰여 있는지도 다시 한번 점검해본다. 사실 교정 과정은 거듭될수록 수정할 문장은 줄어들지만, 저자의 욕심은 더 커지기도 한다.

개별 문장을 읽으면서 오타나 비문을 검토해보며 수정해나가야 한다. 읽다가 흐름과 맞지 않거나 삭제해야 하는 문장이나 문단이 있을 수 있는데, 그런 경우에는 다른 내용을 추가로 첨가해야 한다. 그래서 원고량은 부족한 것보다 풍부해야 한다. 출판사에서 처음에 A4 100페이지보다 많은 120페이지를 원하는 경우가 많은데, 원고의 삭제나 수정 상황을 고려해서 요구하는 것이라고 보면 된다.

교정할 때는 기본적으로 문서로 출력해서 소리 내어 읽는 것이 좋다. 그래야 좀 더 꼼꼼히 검토해볼 수 있기 때문이다. 그리고 그냥 눈으로 읽는 것보다 글이 자연스러운지, 어색한지를 더 잘 느낄 수 있다. 주어, 서술어가 잘 호응하는지가 중요하고, 비문이나 중복되는 문장 또는 단어가 없는지 살펴보아야 한다. 교정하다 보면 더 좋은 문장으로 더 완벽하게 서술하려는 저자로서의 욕구가 생긴다. 그러한 욕심은 바람직한 자세지만, 너무 스트레스 받지는 않았으면 한다. 결국, 편집 교정 과정은 연극배우가 무대에 펼치기 전에 행하는 마지막 리허설이며, 예술 작품을 만들 때 마지막 다듬는 과정이라고 생각하면 될 것이다.

4장

마흔의 책 쓰기는
성장의 연속이다

[글쓰기]

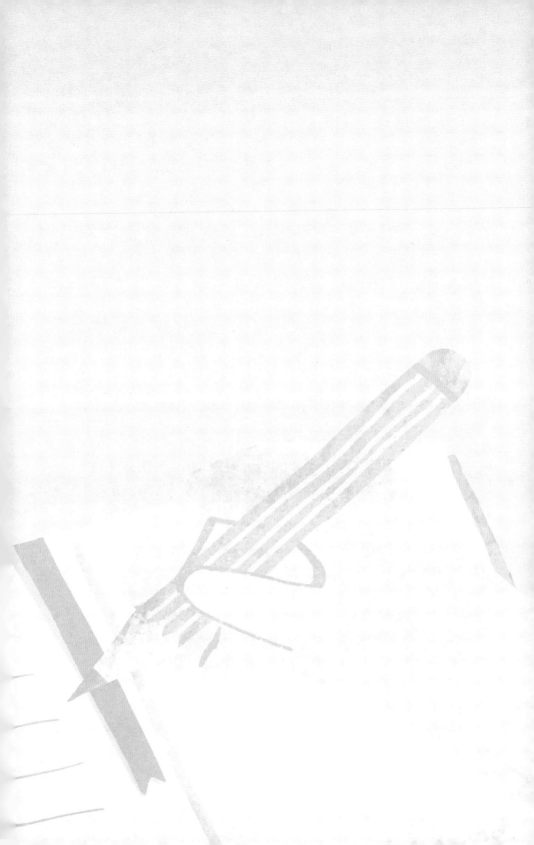

내가 지금
책을 쓰는 이유, 메시지

이 책을 읽고 있는 여러분은 책을 한 권 내고 싶다는 막연한 생각에서 벗어나 '내가 책을 쓰는 이유'를 구체적으로 적어보기를 바란다. 그 메시지를 구체적으로 적어보면 내가 어떤 방향으로 책을 쓸 것인지에 관한 생각도 정리될 것이며, 내 안에 있었던 주제나 콘셉트에 대한 새로운 소재도 찾을 수 있을 것이다. 과거에 내가 습득한 경험이나 지식으로 쓸 수도 있을 것이고, 미래에 대한 방향성을 가지고 쓸 수도 있을 것이다. 책을 쓰는 이유와 생각이 많으면 많을수록 갈증과 간절함이 더 큰 것이다. 내가 책을 쓰는 몇 가지 이유 중 첫 번째 내용이 여러분에게 가장 큰 동기부여가 될 것이다. 실제로 책을 쓰기로 결심했다면, 처음부터 굳은 의지를 가지고 출발해야 한다.

책은 내가 독자들에게 전달하고 싶은 콘텐츠를 메시지로 전달할 수 있도록 해준다. 저자는 동기부여에서 출발해서 어떻게 나의 메시지를 독자들에게 전달할 것인가를 고민해야 한다. 그리고 그 메시지는 무엇인지도 고민해야 한다. 내가 전달하려는 메시지가 일방적이어서는 안 될 것이며, 독자들이 필요로 하는 니즈를 만족시킬 수 있는 문제 해결이 되어야 한다. 시대의 흐름과 맞아떨어지면 더더욱 좋다.

결국, 내가 책을 쓰는 이유는 더 나은 성장을 위해서다. 그것은 크게 2가지로 나뉜다. 첫 번째는 과거의 나로부터 현재까지 쌓아온 영향력과 비즈니스 모델을 확장시키기 위해서다. 두 번째는 앞으로 내가 만들어가야 할 브랜딩과 수익모델을 책을 통해 펼쳐 보이기 위해서다. 처음부터 어떤 목적과 방향성을 가지고 책을 기획하느냐는 매우 중요하다. 그리고 그것은 원고 집필의 방향과도 연결되어 있다. 어떤 주제를 통해 브랜딩할 것인지, 명성을 얻을 수 있을 것인지에 대한 고민이 필요하다. 그리고 그런 고민이 끝났다면, 그것을 실행하기 위해 노력해야 한다.

책의 기획이나 원고의 방향성은 매우 중요하다. 첫 책의 첫 단추부터 내 의도와 다른 방향으로 진행된다면, 해당 분야의 전문가로서 성장하기 어려울 수 있다. 또한, 이 책 썼다가 저 책 썼다가 우왕좌왕하는 저자도 전문가로 성장하는 데 시간이 꽤 소요될지 모른다. 책을 여러 권 낸다고 해서 전문가로 인정해주지 않는다. 한 권을 내든 두 권을 내든 방향성이 명확해야 하며, 날카로워야 한다. 그래야 인정받을 수 있다. '이 사람은 전문가의 자질이 있구나'라는 생각이 들어야 한다. 내가 책을 쓰는 이유와 방향성은 그래서 너무나 중요하다.

　우리는 내가 쓸 수 있는 주제, 내가 쓰고 싶은 내용과 더불어 내가 앞으로 나아갈 방향을 잘 파악해야 한다. 그리고 독자들의 관심과 기대하는 정보들의 접점을 잘 찾아가야 한다. 주제를 찾기 위해 스스로에게 질문도 던져보아야 한다. 내가 책을 쓰는 이유와 브랜딩 방향은 좁고 구체적일수록 더 명확해지고, 좋은 책이 나올 수 있는 실현 가능성이 커진다. 한꺼번에 여러 마리의 토끼를 잡으려고 하면 다 놓치고 만다는 점을 유념하길 바란다.

　내가 책을 쓰는 이유를 고민하다 보면 어떤 메시지를 독자들에게 전달하고 싶은지에 대한 고민을 하게 된다. 그 메시지는 내가 글로 잘 풀어낼 수 있어야 하고, 완성할 수 있어야 한다. 메시지를 전달하는 대상이 구체적이고 명확하면 타깃 독자도 좁혀나갈 수 있다. 저자의 메시지는 책 전반에 계속 머물러 있어야 한다. 이 책을 왜 쓰는지에 대한 메시지가 분명해야 한다. 메시지는 독자들을 가르치려 해서도 안 되고 자신감이 없어서도 안 된다. 적절하고 설득력 있는 주장을 통해 타깃 독자들에게 구체적이고 논리적인 메시지를 접근해야 한다. 저자가 던지는 메시지가 독자의 니즈에 잘 부합하고 설득력 있다면, 독자들은 이를 적극적으로 받아들이고 저자를 신뢰하고 존경까지 하게 될 것이다.

　메시지를 담기 위해서는 독자들이 필요한 부분에 대한 나의 해결

책이 있어야 한다. 그것이 메시지다. 연극이나 영화를 볼 때 제작감독이 전달하고 싶은 이야기가 무엇인지를 고민해보는 것과 같다. 그동안 독서를 하면서 얻었던 저자의 메시지를 이제는 내가 독자들에게 펼칠 차례다. 메시지는 저자가 말하고 싶은 핵심적인 한 문장으로 요약되는데, 메시지는 스토리만큼 중요하다고 볼 수 있다. 스토리만 있고, 전달하려는 메시지가 없다면, 그것은 스쳐 지나가는 재미있는 책으로 남을 수도 있다. 결국 독자들에게 깨달음과 감동이 될 만한 메시지가 있어야 독자들이 읽고 나서 오랜 기간 그 책을 기억할 수 있을 것이다.

저자들은 시대의 흐름을 알고 그에 따른 메시지를 선정해야 한다. 비슷한 주제의 책이라도 어떤 메시지를 전달하느냐는 오로지 그 저자만 할 수 있는 고유의 영역이다. 예를 들면, 대기업 CEO가 책을 쓴다고 하면, 자신의 인생 스토리와 경영에 대한 철학을 통해 후배들에게 큰 감동과 여운을 주어야 한다. 그리고 더 나아가서는 직장인들에게 꿈과 희망을 심어줄 수도 있을 것이다. 그렇게 메시지를 전달해야 한다. 독자들이 어떤 부분에 관심사를 두고 있는지를 파악하고, 내가 전달하고 싶은 메시지를 효과적으로 전달하는 것은 매우 중요하다.

최근에 출간된 책 중에 제목만 봐도 메시지가 잘 전달된 책을 살펴보면 다음과 같다.

제목	메시지
《생각이 너무 많은 서른 살에게》	현재 구글 수석 디자이너가 25년간 10번의 이직과 11번의 취업에 성공한 이야기
《월급쟁이 부자로 은퇴하라》	회사는 당신을 책임지지 않으니 월급 받을 때 준비해서 부자로 은퇴하라는 이야기

내가 전달하려는 메시지는 제목을 통해 잘 표현될 수 있다. 핵심적인 메시지와 부가적인 메시지를 통해 표지에 잘 표현하는 것이 중요하다. 내가 생각하는 독자를 향해 표현하면 된다. 이러한 핵심 메시지는 내가 하고 싶은 말을 하는 것과 동시에 저자로서 무거운 책임감을 느끼게 한다. 또한, 나를 다시 한번 성장시키기도 한다.

메시지를 전달하기 위해서는 내가 그 분야의 전문가인지 다시 한번 생각해보아야 한다. 그리고 현재 나의 성과 등을 자연스럽게 떠올려보아야 한다. 그렇게 하다 보면 나 자신을 더 성장시켜야겠다는 생각이 들기 마련이다. 나의 목표를 재설정하고 독자들에게 들려주고 싶은 이야기를 더 만들어내야겠다는 의욕이 생기기도 한다.

나에게 물어보고 싶은 질문 몇 가지

• 나는 왜 책을 쓰고 싶은가?
• 나는 어떤 장르의 책을 쓸 것인가?
• 내가 책을 쓰고 난 다음에 어떤 미래를 원하는가?
• 그 분야의 독자의 원츠를 얼마나 알고 있는가?
• 내가 원고를 완성할 수 있는 집필력이 있는가?
• 기존의 경쟁 도서와는 다른 나만의 지식과 경험이 있는가?

- 내가 독자들에게 주고 싶은 주제와 메시지는 무엇인가?
- 출판사로부터 기획 출간을 제안받을 수 있을까?

나의 지식과 경험 중에
숨겨진 보석 찾기

우리가 일상에서 책 쓰기 글감을 찾으려면 어떻게 해야 할까? 일단 내가 누구인지 파악해야 한다. 나의 인생 일대기를 기록해보고, 내 인생에서 터닝 포인트가 되었던 시점을 살펴보아야 한다. 그리고 그중에서 가장 행복했던 순간을 떠올려보는 것도 좋고, 나의 장점을 통해 앞으로 내가 이루고자 하는 분야에 대해 고민해보는 것도 필요하다. 자신이 오랫동안 했던 회사의 업무 분야나 취미활동으로 했던 자기계발에 대한 글감도 고민해보아야 한다. 깊은 고민의 시간이 많을수록 나의 숨겨진 보석을 더 잘 찾아낼 수 있을 것이다.

글감은 과거의 발자취에서 찾는 것이 일반적이지만, 더 중요한 점은 나의 미래와도 연관되어 있어야 한다는 점이다. 이것을 흔히 미래지향적이라고 한다. 내 안에 있는 보석을 통해 글감을 2~3개 이상 찾아보고 그 글감 중에서 나의 미래와 연관된 부분, 그리고 현재 출판계의 흐름과 접점이 생기는 글감을 파악해보아야 한다. 만약 내가 회사 기획부서에서 오랜 시간을 근무했는데, 앞으로는 마케팅 분야에 대해 뜻이 있다면, 그 분야에 맞는 글감을 찾으면 될 것이다. 우리는 결국 현재보다 더 밝은 앞날을 위해서 책을 쓰려고 한다는 사실을 항상 기억해야 한다.

과거에서 글감을 찾더라도 미래지향적이어야 한다. 과거에 머물러 있는 것은 일기나 자서전이 될 수밖에 없다. 글쓰기가 일기가 되면 안되듯이, 책 쓰기도 자서전이 되면 안 될 것이다. 자서전은 나중에 인생을 회고할 시점에 써도 늦지 않다. 혹자는 아직 젊어서 자신의 지식과 경험이 부족하다고 말하기도 한다. 그렇게 생각하면 나이순으로 글감이 많고 쓸거리가 많아야 한다. 그러나 그렇지 않다. 이것은 나이의 문제가 아니라 글쓰기를 대하는 진실함과 간절함의 문제다. 지금부터라도 자투리 시간에 글감에 대해 메모해보길 바란다. 새로운 영감이 떠오를 수도 있다. 그리고 그것이 당신의 소원이었던 책 쓰기를 가능하게 할 것이다.

책 쓰기 소재를 찾았다고 해서 마냥 좋아할 수는 없다. 그 소재가 독자들에게 만족을 줄 수 있는 것인지도 아직 알 수 없고, 시장 트렌드에 얼마나 부합하는지도 알 수 없기 때문이다. 그 과정들은 경쟁 도서 분석과 최근 출판 시장의 흐름을 파악함으로써 알 수 있게 된다. 쉽게 보석을 찾거나 힘들게 숨겨진 보석을 찾아도 내가 하고 싶은 이야기와 독자들이 듣고 싶은 이야기의 교집합이 있어야 한다. 내가 쓰고 싶은 책을 쓰려면 내가 인쇄해서 그냥 나 혼자 간직하는 것이 나을지도 모른다.

내가 아직 책을 쓸 만큼 글감이나 글쓰기 실력이 부족하다고 생각하는 분들이 많다. 그러나 지금은 누구나 책을 쓸 수 있는 시대가 되었고, 평범함이 때로는 비범함을 이기기도 한다. 가장 좋은 소재는 내 안에 있고, 나의 본질과 경험 안에 존재한다. 그 경험과 나의 본질에서 나의 콘텐츠가 생성되고, 그 콘텐츠에서 독자와 눈높이를 맞추면 그 책은 좋은 책으로 탄생할 것이다. 내 콘텐츠 중에 어떤 것이 더 빛나는 보석인지는 경쟁 도서나 최근의 출판 흐름에 따라 달라질 수 있다. 그래서 내 안에 있는 콘텐츠와 그것의 경쟁력을 찾는 데 시간을 많이 투자해야 한다.

만약 내가 현재의 전문가는 아니지만, 평소에 관심 있는 분야에 관한 책을 쓴다면, 그것이 나의 두 번째 명함이 될 수 있다. 그러면 내 가치는 더 다양해지고, 높아질 수도 있다. 결국 보석은 내 안에 있고, 비슷한 경험을 하더라도 그걸 누가 잘 표현해내느냐가 중요하다. 지금은 전문가만 책을 쓰는 시대가 아니라, 누구나 책을 써서 전문가로 도약하는 시대가 되었다. 지금 늦었다고 생각하지 않아도 된다. 지금부터 내 안에 있는 보석을 잘 찾아내서 그걸 잘 표현하는 것이 중요하다. 일단 관심 분야에 대해 수첩이나 원고지에 글감에 관한 생각을 적어보길 바란다. 그것이 쌓이면 글감을 넘어서 어느 순간 한 편의 책이 될지도 모른다.

지금 자신의 과거를 역사연대표처럼 작성해보라. 그러면 인생의 굴곡이 나타날 것이다. 내 안에 숨겨진 보석들을 찾아내려면 내 삶의 기록들을 서사적인 관점에서 살펴보아야 한다. 그 시점에서 어떤 걸 끄집어낼 수 있을지 고민해야 한다. 그 시점으로 돌아가 보면 무엇이 나의 강점이고, 무엇에 관심이 있는지를 알 수 있기 때문이다. 그리고 좋았던 점이나 힘들었던 점 등을 통해서 에세이를 쓸 수도 있는 것이다. 또한, 나의 강점, 단점, 기회, 위협 요인을 파악할 수 있을 것이다. SWOT 분석은 기업의 경영에만 필요한 것이 아니다. 개인의 자기경영에도 필요하다. 주기적으로 자신을 분석하는 사람이 분명히 더 성장해갈 것이다. 우연한 기회에 내가 생각했던 주제뿐만 아니라, 내 재능이나 가능성을 발견할 수도 있다. 그래서 이 시간을 매우 소중하게 여겨야 한다.

글감을 찾으면서 여러 주제를 고민할 수 있겠지만, 대체로 처음 책을 쓸 때는 자기계발이나 에세이가 될 가능성이 크다. 사실, 경제·경영 분야나 정치·역사 분야는 이미 유명세나 영향력이 어느 정도 있는 분들의 영역이다. 여행이나 외국어 분야도 마찬가지다. 만약, 자신만의 전문성 있는 주제를 잡지 못했다면 매일 자신에게 질문을 던져보고, 그것을 한 편의 에세이로 묶어서 책을 내는 것도 좋다. 우리가 추구하는 브랜딩이나 전문가는 억지로 탄생하는 것이 아니라, 우연처럼 찾아올 수 있다.

내가 쓰는 주제가 경쟁력이 있으려면, 나의 특징이나 강점이 나타나 있어야 하고, 시장의 흐름과 더불어 가치가 있어야 한다. 만약 그런 주제를 찾았더라도 시장성과 부합하지 않을 수도 있다. 결국 책을 처음 쓰는 비교적 평범한 일반인들은 자기계발서나 에세이 등으로 자신을 먼저 성찰하며 자신에 대해 독자들에게 보여주어야 한다. 그리고 그다음 책에서는 다른 분야로 나아갈 수도 있을 것이다. 내가 가진 경험을 깊이 있는 지식과 결합해 책을 쓰는 것이다. 지금부터 자료 수집이나 연구를 해서 내가 관심 있는 주제를 만들어간다면, 첫 번째 책 이후에도 새로운 글감으로 계속 책을 쓸 수 있을 것이다.

나의 지식과 경험 중에 보석을 찾는 시간은 나 자신의 사색의 시간에서 시작되지만, 그것만 가지고는 부족할 수 있다. 만약 그렇다면 주위 동료나 가족, 친구 등에게 자신에 대해 의견을 물어보면 도움이 될 것이다. 그것을 막연히 인터뷰를 통해 직접 질문하지 말고, 몇 가지 궁금증을 질문지를 통해 솔직하게 들어보는 것이 효과적이다.

글감은 나의 직접 경험이냐, 아니면 다른 사람의 지식과 경험담을 통한 간접 경험이냐의 차이다. 결국 다른 사람의 지식과 경험담도 본인이 실행해야 내 것이 될 수 있다. 마라톤도 본인이 지속적으로 트레이닝해야 좋은 결과로 이어진다. 페이스메이커만 있다고 결승점까지 좋은 결과를 얻을 수는 없다.

우리의 인생 항로는 비슷한 것 같지만, 제각각 다른 길을 가고 있다. 인생의 긴 곡선은 점에서 만나는 때도 있고 선으로 겹칠 때도 있다. 결국 그것은 인연일 뿐 개인의 인생은 너무나 다르게 흘러간다. 그래서 비슷할 수는 있어도 같은 드라마는 없고 같은 책도 없다. 생각이 다르고 경험이 다르다.

산의 정상에 가본 사람이 계속 등산을 즐길 수 있듯이, 한 분야에서 성취를 이루어낸 사람들은 지금 어떤 분야에서든 성장하고 있다. 결국 우리는 계속 도전해야 하며, 넘어지면 다시 일어나야 한다. 조금 아프더라도 일어나서 결승점을 향해 다시 뛰어야 한다. 시행착오 없이 성장을 이루기는 어렵다. 책을 쓰는 것도 마찬가지다. 시행착오는 있을 수 있어도 결코 포기하지 않는다면, 결승점에 도달할 수 있을 것이다. 부디 여러분의 보석을 잘 찾길 바란다. 만약 그래도 나에게 보석이 보이지 않는다면 시간을 갖고 보석을 만들어나가는 것도 좋다.

보석을 찾기 위해 나에게 질문할 리스트

- 나의 인생에서 최근 10년 동안의 이슈 3가지를 적어보자.
- 내가 가장 좋아하는 것과 특기는 무엇인가?
- 내가 잘하는 것 중에 앞으로 계속 성장시키고 싶은 주제는 무엇인가?
- 내가 가진 경력과 전문성에 대해 적어보라.
- 나는 한마디로 어떤 사람인가?
- 나의 인생 가치관과 그 이유는 무엇인가?
- 앞으로 배우고 싶은 것은 무엇인가?
- 나의 인생 곡선을 그려보고 생각해보라.
- 가장 좋아하는 취미와 음식은 무엇인가?
- 내가 존경하는 인물과 감명 깊게 본 영화는 무엇인가?

쉬운 말로 말하듯이
짧고 간결한 본문 쓰기

본문의 문장은 짧고 간결해야 한다. 짧고 간결하다는 말은 문장이 늘어지지 않고, 불필요한 접속사 등으로 독자들을 혼란스럽게 하지 않는다는 뜻이다. 초보 저자의 경우, 글을 쓸 때 자신만의 습관이나 자주 쓰는 단어들이 나타난다. 그리고 자신도 모르게 문장이 계속 연결되어 길어지는 경향이 있다. 이런 습관 때문이라도 초보 저자의 경우, 좋은 책으로 필사 등을 하면서 자신만의 좋은 글쓰기 습관을 익혀야 한다.

초고는 짧고 간결한 글쓰기를 위해 노력해야 한다. 노력했음에도 길어지거나 중복되는 패턴의 글이 된다면, 그것은 퇴고할 때 수정해야 할 것이다. 길게 쓰면 쓸수록 글이 엉키면서 중언부언(重言復言)하게 될 수밖에 없다. 말이 길어지면 실수하거나 명확하지 않듯이, 글을 쓸 때도 절대적으로 짧게 써야 한다. 그래야 논점이 분명해지고 독자들에게 의사가 명확하게 전달된다. 필자는 한 문단을 쓸 때 최소 다섯 문장으로 구성한다는 생각으로 썼다. 어느 순간, 의식하면서 쓰다 보니 문단의 일관성과 통일성에 맞추어서 다섯 문장으로 맞출 수 있게 되었다. 한두 문장 살을 붙이면 문단이 완성된다. 물론 노력한다고 해도 모든 문단이 그렇게 완벽하게 될 수 없는 것이 현실이다. 그렇기 때문에 의식적으로 연습하는 것이다.

쉬운 단어와 문장으로 써나가는 것도 매우 중요하다. 논문처럼 어려운 말로 쓴다고 해서 대중들이 좋아하지는 않는다는 것을 명심해야 한다. 대중들에게 글은 어렵게 보일 필요가 없다. 쉬운 말로 잘 풀어서 쓴 글이 오히려 전문가다운 모습으로 보일 수 있다. 의사가 설명할 때 어려운 의학용어를 쓰면서 설명한다고 해서 그 의사를 높이 평가하지는 않는다. 환자가 알아들을 수 있도록 쉽게 설명해야 한다. 글쓰기도 이와 마찬가지다. 만약 어쩔 수 없이 어려운 단어나 외래어, 사자성어가 들어가야 한다면 이에 대한 설명을 덧붙여야 독자들이 쉽게 이해할 수 있다.

생각이 정리되지 않은 사람이 말을 우왕좌왕하는 것처럼, 글도 생각이 정리되어 있지 않으면 길게 늘어지게 된다. 두서가 없다는 이야기다. '내 앞의 누군가에게 말하듯이 글을 쓰라'라는 말을 들어봤을 것이다. 일반적으로 문어체보다는 구어체가 술술 읽기 좋은 글이다. 평상시에 블로그 글을 쓸 때도 문어체로 조금은 딱딱하게 쓰는 것보다 부드럽게 말하듯이 구어체로 쓰는 것이 읽기에 편하다. 그리고 모호한 표현보다는 구체적이고 상세한 표현이 독자에게 공감을 얻을 수 있다.

물론 하루아침에 짧고 간결한 글을 말하듯이 계속 써 내려가는 것은 어렵다. 그것은 글쓰기 내공과 많은 독서량이 쌓여야 가능하다. 어떤 현상을 자신만의 생각으로 재해석할 줄도 알아야 한다. 책을 쓰려는 생각이 있는 예비 저자는 책을 읽을 때, 저자의 생각을 받아들이면서도 긍정적인 비판의 시선으로 바라보아야 한다. 저자와 대화하듯이 분석의 시각으로 읽어야 한다. 이런 내공들이 쌓여야 짧고 간결하게 쓸 수 있는 실력이 생기는 것이다. 책 쓰기는 결국, 독서와 글쓰기, 메모, 사색과 경험, 상상력, 분석력 등이 발달한 사람이 한결 수월하게 쓸 수 있다.

책을 쓸 때는 항상 쉬운 단어를 통해 그 분야의 왕초보에게 전달하듯이 쓰는 것이 좋다. 쉬운 단어로 풀어서 설명하는 글은 술술 읽힌다. 어려운 한자나 영어를 첨가한다고 해서 내가 돋보일 것이라는 착각은 하지 않길 바란다. 어려운 내용을 쉽게 설명하는 것이 능력이다. 대체로 분량이 250페이지 이상이 되면 독자들이 부담스러워 한다. 독자들이 읽을 때, 어렵거나 분량이 부담스러우면 관심이 있더라도 그 책으로 인해 흥미를 잃게 된다. 경제경영서, 자기계발서, 에세이 모두 문체가 부드럽고 쉬워야 한다.

길고 화려한 문장보다 짧고 간결한 문장을 쓰다 보면 글이 너무

심심하지 않느냐고 생각할 수도 있다. 그러나 그렇지 않다. 내용이 풍부하고, 사례나 비유의 표현이 중간중간 들어가면 된다. 문장은 짧고 간결해야 이해하기 쉽고, 새로운 맛을 더하는 표현은 그동안 독서하면서 봤던 표현이나 자신의 실제 경험에서 시작된다.

결국 잘 읽히는 글은 간결하고 구체적으로 써야 한다. 그러려면 저자는 쓰려는 내용에 대해 완전히 숙지하고, 그것에 대해 몰입해서 펼쳐야 한다. 말할 때도 스피치가 부족하더라도 내용이 풍부하면 효과적으로 전달할 수 있듯이 글도 마찬가지다. 글쓰기 능력이 조금 부족하더라도 자신이 전달하고자 하는 내용을 독자들이 이해하기 쉽도록 짧게 풀어서 설명할 줄 알아야 한다. 쉽지만 지루하지 않아야 한다. 독자들은 많은 정보와 감동을 얻으려고 여러분의 책을 구매했다는 사실을 기억하기 바란다.

결국, 글쓰기를 잘 진행하기 위해서는 말하고자 하는 메시지를 의식하며 철저히 단문 쓰기에 집중해야 한다. 쉬운 단어를 통해 단문으로 쓰려고 노력하자. 중학교 1학년도 이해할 수 있는 수준으로 글을 써야 한다. 어렵게 쓰기보다는 쉬운 말로 쓸 수 있어야 한다. 영어도 쉬운 단어로 문장을 잘 연결시켜서 표현하는 것이 자연스럽듯이, 우리나라 말도 쉬운 단어로 잘 표현해야 한다. 이런 점을 분명히 알고 초고를 써야 하며, 퇴고할 때도 다시 한번 기억해야 한다. 퇴고할 때 글을 다듬는 것은 도자기를 다듬는 과정과 비슷하다. 초고 쓰기도 중요하지만, 다듬는 과정에서 간결하면서 문단의 연결이 잘될 수 있게 가

다듬는 것은 매우 중요한 과정이다.

본문을 처음부터 쉼표나 접속사 등이 없이 간결하게 쓰는 것은 불가능에 가깝다. 그래서 퇴고를 잘해야 한다. 퇴고할 때 문장을 짧게 끊어나가면 된다. 퇴고를 여러 번 하면서 다듬어야 한다. 비문을 없애고 쉬운 단어를 통해 짧고 간결하게 문장을 쓰는 연습을 하는 것이다. 퇴고하면서 소리 내어 읽어보면 늘어지는 문장이 금방 느껴질 것이다. 우리가 말할 때도 핵심 부분만 말하면 실수가 줄어들고, 의사전달이 명료하게 잘되는 것과 마찬가지다.

혹자는 짧은 문장만 좋은 문장이냐고 물어볼 수 있다. 만약 길고 화려하게 써서 의미를 잘 전달할 수 있다면 괜찮을 수도 있다. 그런데 일반적으로 짧은 문장이 이해가 쉽고, 중복이 없으니 간결한 느낌을 주는 것은 당연하다. 여러분도 퇴고하다 보면, 내가 문장을 너무 길게 썼다고 생각하게 될 것이다. 말을 할 때는 퇴고⑺가 없으니 조금 늘어지게 해도 이해가 된다. 그러나 글은 간결하고 명확해야 한다. 그래서 글을 꾸준히 쓰다 보면 자기 생각이 논리적이고 체계화된다는 느낌을 받게 된다. 생각한 후에 말은 바로 하지만, 글은 수십 번 생각을 가다듬은 후에 하기 때문에 더 무겁고 가치가 있는지도 모르겠다.

- 구체적이고 명확하게 써야 한다.
- 짧고 간결하게 써야 한다.
- 쉬운 언어로 말하듯이 써라.
- 자신이 그 분야에 대해 자기주장이 생길 정도의 지식이 있어야 한다.
- 주어와 서술어가 잘 호응하는지 살펴본다.
- 접속사와 부사, 형용사는 될 수 있는 대로 줄이려고 노력해야 한다.
- 중복 표현을 쓰지 않아야 한다.
- 어려운 내용도 쉽게 풀어서 쓰는 것이 능력이다.

매일 아침 하루 2시간이
초고 완성의 지름길

나는 시간을 지배하며 효율적인 스케줄에 따라 살고 있는가? 아니면 시간에 쫓기며 살고 있는가? 누구에게나 일상의 하루는 매일 24시간씩 주어지지만, 개인적인 시간 활용법은 천차만별이다.

책을 쓸 때도 마찬가지다. 시간 투자를 통한 꾸준한 글쓰기가 이루어질 때 초고가 완성되는 것이다. 필자는 개인적으로 잠자는 시간을 7시간으로 가정했을 때, 2시간을 줄여서 매일 2시간씩 3개월 동안 꾸준히 쓰는 것이 가장 적합하다고 생각한다. 최소 30개의 소제목이 있다고 할 때, 한 주에 3개를 쓴다고 생각하면, 3개월 이내에 완성이 될 것이다.

기획이나 자료 정리가 잘되어 있다면 충분히 가능하다고 생각한다. 그러나 한 가지 당부드리고 싶은 것은 3개월의 시간을 너무 앞당길 필요도 없고 늦추어서도 안 된다는 점이다. 왜냐하면 앞당기면 그만큼 너무 서두르게 되어 탄탄한 내용이 나오기 어렵다고 생각이 되고, 늦추는 것은 집중력과 꾸준함을 해치는 일이기 때문이다. 일정한 페이스대로 3개월 동안 글을 쓰며 많은 생각과 고민이 필요한 것이 초고 집필의 시간이다.

결국 초고를 완성하려면 책 쓰는 시간을 일정한 패턴으로 맞추는 것이 중요하다. 그리고 자신만의 공간에서 꾸준히 책을 쓰는 것도 좋다. 개인 취향에 따라 집에서 아침에 조용하게 쓰는 것도 좋고, 스타벅스에서 저녁 시간에 집중해서 쓰는 것도 좋다. 필자의 경우, 보통 집에서 조용한 시간에 썼고, 주말에는 카페에서 평일에 썼던 원고를 검토하거나 못 썼던 분량을 채워나가기도 했다. 결국 이런 외부적인 상황이나 루틴을 만들고 나서 자신만의 체력과 마인드로 이것들을 실천해나가야 한다.

사실 초고를 3개월 안에 마무리하는 것은 초보 작가로서 매우 만족스러운 스케줄이 분명하다. 중간중간 개인적인 일정이나 직장인들의 회사 일정 등을 감안한다면 3개월이 쉽지 않을 수도 있다. 기획이 잘되어 있다고 생각되더라도 막상 쓰다 보면 목차가 수정되고 일부 소목차가 잘 써지지 않는 경우도 발생한다. 그럴 때는 과감히 산책하러 나가서 머리를 식히고, 다음 날을 기약하는 것도 바람직한 방법이다. 결국 가장 중요한건 자신의 정신력이다. 3개월 안에는 초고를 쓰겠다는 간절함과 의지, 그리고 꾸준함이 깃들어 있어야 6개월 안에 모든 출간 과정을 완성할 수 있다.

마라톤을 할 때 똑같은 출발선에서 출발하지만 앞서거니 뒤서거니 하면서 결국 결승점은 초반 선두가 아닌 꾸준한 선두그룹 페이스를 유지한 사람이 먼저 통과하는 것을 보았을 것이다. 결국 모든 것이 그렇다. 꾸준함이 비범함을 이길 수 있다. 여러분의 의지와 간절함은 결국 지금보다 앞으로 더 성장하는 데 큰 도움이 될 것임을 확신한다. 마라톤의 결승선에 골인한 것처럼 무언가 간절하게 이루어본 적이 있는가? 성취감과 자신감을 얻고 싶은가? 그것이 책을 쓰는 것이다.

책을 쓴 사람을 높이 평가하는 이유는 지식이나 경험이 뛰어나서만은 아닐 것이다. 책을 출간하는 것은 그만큼 열정과 간절함이 대단한 사람이라는 걸 증명하기 때문이다. 물론, 최근에는 부담을 줄이기 위해 다수가 모여 공저를 하는 것을 많이 목격하기도 한다. 그러나 일반적으로는 전국에서 수많은 분들이 책을 쓰기 위해 원고를 쓰다가 포기했을 것이고, 투고를 했다가 거절당하고 포기했을 것이다. 그렇게 어려운 것이 책 쓰기다. 그럼에도 불구하고, 여러분이 하루 2시간씩 3개월간 끈기와 열정을 가지고 책을 쓴다면 상위 1%의 지식 생산자가 될 가능성이 있는 것이다.

연극무대에서 배우들이 관객을 위해 2~3시간 동안 최선을 다하듯이, 여러분도 독자를 생각하며 치열하고 끊임없이 지적 싸움을 벌여야 한다. 최소 3개월 이상은 책을 쓰는것 외에 다른것에 신경을 쓰면 안 될 것이다. 다른 생각이 내 머릿속에 침입⑦하는 순간, 2~3일이 그냥 지나가며 시간이 지체되기 때문이다. 그러기에 친구와의 약속이나 재미있는 TV 드라마, 맛집 방문, 여행 등도 포기할 수 있는 의지가 필요하다. 고시 공부를 몇 년 하는 사람도 있는데, 3개월을 못할까 싶기도 할 것이다. 그러나 고시 공부할 때는 혈기 왕성하고 하루 종일 공부만 할 수 있는 시간이 허용되는 때다. 그러나 30~40대는 경제활동이나 육아, 집안일 등을 하고 있기 때문에 자신만의 일정한 루틴과 효율적인 시간 관리가 필요하다.

하루 2시간 3개월 글쓰기를 하는 데 좋은 방법은 잠자는 시간을 2시간 줄여서 아침 시간을 활용하는 것이다. 스케줄을 달력에 기록해서 그 기준에 따라 꾸준히 실행하길 추천한다. 절대 자신을 믿지 않았으면 좋겠다. 인간은 원래 달콤한 유혹에 약한 존재가 아닌가! 자신의 초고 원고 진도를 달력이나 다이어리에 기록하면 자신의 진도를 체크해나갈 수 있을 것이다. 초고를 완성하려면 A4 100장 정도를 10포인트, 줄간격을 160%로 했을 때 매일 2장씩 쓰면 된다. 한 달에 20일 정도를 쓴다고 볼 때, 3개월이면 100장이 충분히 완성될 것이다. 하루에 A4 2~3장으로 1개 소목차를 완성하는 것이 부담스럽다면 A4 1장을 매일 쓴다고 생각해보자. 그렇다고 느슨해지면 안 된다. 1장씩 쓰라는 것은 중간에 글이 잘 안 써지거나 방황하는 시간을 감안해 부담 없이 시작하라는 뜻이다. 조금 더 여유를 가지고 3개월이라는 기간 동안 매일 책 쓰기에 몰입하면 결승점에 통과하기가 더 수월할지도 모른다.

하루 2시간을 지속적으로 투자하는 것은 바쁜 직장인들이나 육아와 집안일을 하는 30~40대 예비 저자에게 쉬운 스케줄은 결코 아니다. 일단 시작하고 50일이나 100일 글쓰기에 도전해보자.

매일 일정한 시간에 일정한 루틴을 통해서 첫 문장부터 써내려가 보자. 사실, 생각보다 많은 분들이 첫 문장 쓰기가 어렵다고 말한다. 그들은 어떻게 시작해야 할지 모른다고 한다. 글쓰기 실력이 조금 부족해서일 수도 있지만, 내가 선택한 글감의 메시지가 명확하지 않아서일 수도 있다. 그러나 기획 단계가 잘 진행되었다고 한다면 지금부터 첫 문장은 자신 있게 시작하자. 처음부터 완성된 문장이 나올 수는 없다. 계속 쓰다 보면 좀 더 쉬워지고 결실을 맺을 수 있을 것이다.

매일 글이 잘 써지지는 않으니, 너무 스트레스 받거나, 일희일비하지 않았으면 좋겠다. 자신의 일정대로 꾸준한 페이스를 유지하는 것이 훨씬 더 중요하다. 우리는 철저히 거북이가 되어야 한다. 목표만 바라보면 된다. 누구와 경쟁하는 것이 아니라 나 자신과의 싸움이다. 자신이 주도적으로 3개월 내에 초고를 완성하고, 1개월 안에는 퇴고와 투고를 함으로써 4개월 안에 출간계약을 완성 짓는 것으로 계획을 잡는 것이 이상적이다. 결론적으로 하루에 2장씩 쓴다면, 일주일에 10장, 그리고 3개월이면 120장을 쓰는 속도가 가장 적절하다. 하루에 A4 1~2장 사이에서 꾸준히 3개월을 쓸 수 있는 루틴이 생기도록 모든 초점을 책 쓰기에 집중해야 할 것이다.

내가 말하는 2시간은 아무런 노이즈가 없을 경우에 해당하는 시간이다. 집중해서 써야 2시간 동안 2장을 쓸 수 있다. 그렇지 않으면 3시간 이상이 걸릴 수도 있다. 그리고 펜을 들 때, 내 머릿속에는 오로지 내가 오늘 써야 할 소제목에 초점을 맞추어야 한다. 그래야 새로운 생각이 떠오르고 좋은 문장을 쓸 수 있다. 그렇지 않으면 그냥 시간만 지나게 되며, 그날의 원고 분량을 다음 날로 미루게 되기도 한다.

결국, 초고 집필의 시간은 매일 러닝머신을 타며 운동하듯이 일정하게 지속되어야 한다. 하루 분량에 너무 스트레스를 받지 않으려면 일주일씩 과정 관리를 해나가야 한다. 하루는 놓쳐도 절대 일주일 분량은 놓쳐서는 안 된다. 러닝머신을 탈 때 한번 흐름을 놓치거나 힘이 빠지면 그 러닝머신에서 내려와야 함을 잊지 말아야 한다. 한 주를 놓치면 더 이상 밀릴 데가 없다. 결국 그런 의지로는 계속 밀리면서 1년이 지나갈 수도 있으니 집중해서 과정 관리를 잘하길 바란다. 지속적으로 초심으로 돌아가서 그 끈을 놓치지 않기를 바란다. 매일 운동을 하다 보면 점점 지구력과 근력이 나아지듯이, 글도 하루도 쉬지 않고 써야 필력이 생기게 된다. 의지가 약하면 어떤 일이든 결승점을 통과하기 어렵다는 사실을 기억해야 한다. 초고 쓰기는 결국 일정한 시간에 일정한 시작 의식을 가지고 반복해야 성과를 이룰 수 있다.

매일 아침 2시간으로 초고 완성으로 가는 법

- 초고 완성 3개월 계획을 세워야 한다.
- 하루 1개의 소제목을 작성한다.

- 주말에는 평일에 집필했던 원고를 다시 한번 살펴본다.
- 커피를 마시는 등 자신만의 시작 루틴을 만들어라.
- 1주에 1개의 목차를 완성한다고 생각해야 한다.
- 슬럼프가 왔을 때 잘 극복해야 한다.
- 머릿속에 떠오르는 생각을 일단 써야 한다.
- 운동을 하거나 수면을 잘 취해서 건강을 유지해야 좋은 글이 나올 수 있다

간절함과 체력으로
무라카미 하루키처럼 글쓰기

내가 좋아하고 존경하는 대표 작가는 우리나라의 구본형 님과 일본의 무라카미 하루키(村上春樹) 님이다. 구본형 작가님은 내가 관심 있는 자기경영 분야의 책도 많이 출간했고, 나와 비슷하게 40대 이후에 독립적인 1인 기업을 시작했다. 그는 직장인들의 변화경영에 대한 강의를 시작하면서 많은 이들에게 가르침을 주신 분이다. 비록 그는 현재 돌아가셨지만, 그의 제자들은 구본형 변화경영연구소에서 지금까지 계속해서 활동을 이어가고 있다. 과거 평생직장 시대에《익숙한 것과의 결별》이나《그대, 스스로를 고용하라》등으로 직장인들이 독립할 수 있도록 나아갈 방향을 제시했다. 자기경영의 선구자라고 할 수 있고, 지금도 많은 분들의 존경을 받고 있다.

일본의 무라카미 하루키 작가님은 문학 분야 등에서 집필을 평생 해온 세계적인 작가다. 그는 꾸준하고 작가로서의 기본적인 자기관리가 뛰어나다는 점에서 귀감이 된다. 그는 일정한 스케줄 관리를 통해 꾸준하고 지속적인 글쓰기를 한 것으로 유명하다. 글쓰기와 함께 달리기와 수영, 음악 감상이 그를 오랜 기간 동안 세계적인 작가로 유지시켜준 원동력이었던 것으로 보인다. 매일 새벽 4시에 일어나 3시간 이상 글을 쓰고, 10km 달리기와 1,500m 수영을 하고, 음악을 듣는 등 모든 일과가 글쓰기에 맞추어져 있다. 사실 나도 책을 쓰면서 정신적 피로 외에 육체적인 피로를 느끼기도 한다. 자기계발서를 쓰는 데도 이런 피로감을 느끼는데, 더군다나 소설 같은 창작물을 쓰는 데 소모되는 에너지는 감히 상상조차 힘들다. 실제로 작가들은 책을 쓰려면 최소 3시간 이상 매일 앉아 있을 수 있는 체력이 있어야 한다. 무라카미 하루키는 그것을 평생 동안 습관처럼 지켜온 것이다.

책을 쓰려면 간절함은 가장 기본이며, 필수라고 생각한다. 내가 책을 써도 되고, 안 써도 된다는 생각을 가지면 절대 책이 출간될 수 없다. 왜냐하면 직장생활이나 육아 등 지친 몸을 이끌고 하루하루 지나가면, 어느새 훌쩍 몇 달이 흘러가기 때문이다. 그리고 간절함이 없다면 글이 잘 써지지 않게 되어 중간에 포기하게 될 것이다. 한마디로 하루 스케줄의 초점이 책 쓰기에 맞추어져 있어야 한다. 글을 쓰는 시간을 가장 중요한 하루의 스케줄로 받아들이고 실행해야 한다는 뜻이다. 전업 작가인 무라카미 하루키뿐만 아니라, 우리가 존경하는 대부분의 작가들은 글쓰기에 모든 초점을 맞추어서 살아왔다. 우리는 전업 작가는 아니지만, 초고를 쓰는 동안 모든 것을 글쓰기에 초점을 맞추는 정신만큼은 배워야 한다. 그것이 글쓰기 달인의 '장인 정신'이다.

책을 쓰는 것은 처음에는 간절함에서 시작되어 꾸준한 글쓰기와 체력, 그리고 몰입과 집중력으로 연결되는 일련의 과정이다. 우리가 글을 잘 쓰면 책을 완성하는 데 유리한 것은 사실이다. 그러나 우리가 소설 같은 문학작품을 쓰는 작가가 아니라면 글쓰기에 대한 부담은 훨씬 덜하다. 일단 시작하는 것이 중요하며, 간절함으로 꾸준히 실천해야 한다. 많은 작가들이 글은 머리로 쓰는 것이 아니라 엉덩이의 힘으로 쓰는 것이라고 말한다. 그만큼 글을 쓰고자 하는 간절함과 우직함, 그리고 끈기를 가지는 것이 매우 중요하다는 뜻일 것이다. 실제로 오래 앉아 있을수록 초고는 빠르게 완성되는 것은 당연한 사실이다. 절대 시간을 초월해서 쉽게 완성할 수 없는 것이 글쓰기다.

책 쓰기의 시작이 간절함이었다면, 이제는 꾸준함으로 글을 써 나가야 한다. 이 꾸준함이 없다면 완성된 책이 나오기 어렵다. 사실 책을 쓰고 나면 산고의 과정을 겪은 것 같다고 말하는 분들도 많다. 태아가 열 달 동안 엄마의 배 속에서 잘 지내다가 태어나듯이, 작가는 최소 최소 6개월 동안 알을 품듯이 내 원고를 어루만져야 한다. 또한, 작가는 자신만의 루틴과 일정한 시간을 확보할 수 있어야 한다. 하루에 몰아서 쓴다거나 들쭉날쭉한 시간에 글을 쓰는 것은 원고의 완성도를 위해서 좋은 방법이 아니다. 일정한 패턴으로 우직하게 진행해야 한다.

꾸준함이 첫 번째로 중요하고, 그다음으로 중요한 것은 글을 쓸 때의 순간적인 몰입과 집중력이다. 글을 쓰는 그 시간만큼은 내가 아는 지식과 경험을 모두 쏟아부어야 한다. 내가 아는 모든 단어와 표현을 동원할 줄 알아야 한다. 그래서 글쓰기는 집중할 수 있는 정신력이 굉장히 중요하다. 초고를 완성해야 하는 최소 3개월에서 길게는 6개월 동안은 외롭고 힘들지만, 반드시 이겨내야 한다. 그래야 완성품이 탄생할 수 있는 것이다. 결국 초고를 완성시키려면 모든 것을 이겨내고 무조건 매일 써야 한다. 매일 꾸준히 쓰는 것만큼이나 정신적·육체적 체력 관리도 중요하다.

그렇다면, 우리가 무라카미 하루키처럼 글을 잘 쓰려면 어떻게 해야 할까? 평소에 어떤 주제에 대한 생각을 항상 기록하는 습관을 들여야 한다. 그리고 일단 쓰면서 매일 꾸준히 연습해야 한다. 스케줄을 가지고 운동하듯이 매일 글쓰기를 해야 한다. 매일 운동하지 않던 사람이 어느 순간부터 갑자기 시작한다고 운동이 잘되지는 않는다. 아기가 걸음마를 시작하면서 수없이 넘어지고 일어선 다음에, 비로소 아장아장 잘 걷는 것처럼 글쓰기를 해나가야 한다.

만약 사전에 그런 준비 운동이 없었다면 도전을 잠시 멈추고 자신의 글쓰기를 좀 더 단련시켜보길 바란다. 베스트셀러나 경쟁 도서, 유사 도서들을 필사해보는 것도 큰 도움이 될 것이다. 필사를 통한 글쓰기를 연습해보면 추후 초고를 쓰기 시작했을 때 완성시킬 수 있는 힘이 생길 수도 있다. 또한, 자신의 글쓰기 실력에 좀 더 자신감과 확신을 가지게 될 것임이 분명하다.

무라카미 하루키는 글쓰기와 더불어 자신만의 취미인 달리기를 무척이나 좋아했던 거 같다. 작가적인 역량을 극대화하기 위해 이런 일정한 일과와 패턴은 매우 중요하게 생각했을 것이다. 그는 그 일정한 일과를 바탕으로 원고를 꾸준히 썼는데, 참으로 대단하다라는 말밖에는 할 말이 없다. 사실 이런 꾸준함과 간절함은 단지 글쓰기에만 적용되는 것은 아닐 것이다. 직장을 다닐 때도 몸이 아프거나 힘들어도 매일 출근하지 않는가! 결국은 글을 쓴다는 것은 바쁜 직장인도 체력보다 더 중요한 자신만의 일상적이고 반복적인 훈련, 간절함 등이 어우러졌을 때 지속해나갈 수 있을 것이다.

무라카미 하루키는 글쓰기의 꾸준함 못지않게 체력 관리를 중요하게 생각했다. 우리는 무라카미 하루키의 필력은 절대 따라 할 수는 없어도, 그 꾸준함과 체력 관리는 배워야 한다. 그가 어떻게 세계적인 작가가 되었는지 느껴볼 필요가 있다. 결국 그런 모든 노력들이 공든 탑이 되어 문학의 거장으로 우뚝 선 것이다. 위대한 분들의 한 가지 좋은 습관만 잘 습득해서 내 것으로 만들면, 우리는 어느 분야에서든 적용해서 성장할 수 있음을 기억하기 바란다. 결국 성장하는 사람과 성장이 멈춘 사람을 구분 짓는 것은 꾸준히 실행하는 것이다.

필자의 경우, 원고를 쓰는 동안 매일 저녁 산책을 하며 육체적인 단련을 하면서 동시에 사색을 한다. 생각을 정리하고 다시 한번 내가 글을 쓰는 이유에 대한 의지를 불태운다. 글이 잘 안 써지는 날에는 좀 더 빠른 속도로 달리기를 한다. 땀을 흘리고 나면 기분이 좋아지고 건

강해지는 느낌이 든다. 성취감도 느끼게 된다. 그 좋은 기분을 글을 쓰는 데 이어간다. 여러분들도 자신만의 체력 관리법을 가지기를 바란다. 글쓰기를 시작하더라도 체력이 따라주지 않으면 꾸준히 쓸 수 없어 어느 순간 포기하게 될 수도 있다. 일상은 늘 바쁘고 당장 눈앞에 수익이 되지 않는다고 생각하면, 결국 책 쓰기는 평생 못할지도 모른다.

《매일 아침 써봤니?》의 저자 김민식 작가가 말했듯이 영어 공부든, 글쓰기든 어떤 일을 잘하는 비결은 매일 연습하는 것이다. 처음 시작하는 것은 어렵지만, 한번 쓰기 시작하면 그 이후에는 실타래 풀리듯이 술술 쓸 수 있다. 자신만의 루틴을 만든다면, 그 순간이 시작될 때마다 원고를 쓰는 것이 즐겁고 속도가 탄력을 받게 된다. 스스로 굳은 마음을 갖고 최소 3개월 동안은 오로지 책 쓰기에 대한 생각만 해야 한다. 한번 흐름을 놓치면 몇 주나 몇 달이 금방 지나가 버릴 수도 있다. 그 후에는 자신을 너그러이(?) 이해하려고 하고 포기해버린다. 결국은 자신과의 치열한 싸움이다. 이를 명심하고 그것에 전심전력(專心專力)하길 바란다.

'김민식 글쓰기'의 핵심은 무엇일까요?

즐거움이지요. 쓰는 제가 즐거워야, 읽는 사람도 즐거울 것이라 생각합니다. 시트콤을 연출하면서 생긴 습관인데요. 촬영장에서 많이 웃습니다. 내가 웃지 않는데 시청자를 웃기기는 어려우니까요. 글을 쓸 때도, 쓰는 즐거움에 우선 집중합니다. 초고는 되게 유치한데요. 둘 중 하나예요. 자랑질 아니면 뒷담화. '나, 이렇게 잘났거든? 흥칫뿡. 혹은 '저렇게 살면 안 되는데 말이지요, 메롱~' 재미 삼아 가볍게 초고를 쓰고요. 발행하기 전에 오랜 시간을 두고 끊임없이 글을 다듬습니다. 교만을 지우고, 겸손을 더하고요. 조롱을 빼고, 합리적 비판을 담으려고 합니다. 어려운 이야기를 쉽게 쓰는 사람이 되고 싶습니다.

- 엄지혜 기자, 김민식 PD '책은 사람을 바꿀 수 있어요',
<채널예스>, 2020년 3월 23일자 기사 중에서

다독과 자료 수집이
경쟁력

책 쓰기를 시작하기 전에 가장 갖추어야 할 요소가 무엇이냐고 묻는다면, 단연코 독서라고 자신 있게 말하고 싶다. 만약 그동안 자신의 독서량이 많지 않았다면, 지금부터라도 독서를 해야 한다. 그래야 글을 쓰고 책을 쓸 수 있다. 글도 결국은 알고 있는 지식과 경험이 있어야 첫 문장을 쓸 수 있다. 독서량이 많지 않기 때문에 책 쓰기에 실패하거나 포기하는 것이다. 반대로 독서를 많이 한 사람은 책을 읽는 속도가 빨라서 자료를 습득하는 데 시간이 적게 걸린다.

책을 쓰기 시작하면서 그때부터 내가 쓰는 글감과 주제만 탐독하면 되지 않느냐고 물어볼 수 있다. 물론 가능하다. 그러나 시간이 오래 걸리고 경쟁 도서를 집필한 저자들에 비해서 좋은 책이 나올 수 없다는 점을 인식해야 할 것이다. 결국 책을 쓰는 것은 독서량에 크게 좌우

된다. 음식에서 기본적인 육수는 다독에서 시작되며, 경험은 그에 깊은 맛을 더하는 신선한 야채일 것이다.

사전에 나의 지식이 부족하거나 그 분야에 대한 경험이 부족한 저자의 경우에는 자료 수집에 많이 의존해서 책을 쓰게 될 가능성이 크다. 그러나 기본적으로 자신의 메시지를 잘 전달하려면 다독이 선행되어야 한다. 그리고 내가 가려는 방향에 대한 경쟁 도서들을 보면서, 독자들에게 전달하고 싶은 부분을 좀 더 명확하게 정리해야 한다. 당연히 그 내용은 모두 내 것으로 채워 넣어야 한다. 재해석하는 데도 자신만의 인사이트가 없다면 글을 잘 쓸 수 없을 것이다.

독서량이 많지 않고 책을 우여곡절⑺ 끝에 쓴 저자들은 결국 자신의 내공이 없어서, 두 번째 책을 쓰는 데 오랜 시간이 걸리거나 쓰지 못하는 경우가 많다. 그리고 고액의 책 쓰기 강의를 들으면서 책을 쓸 수밖에 없다. 그것은 바로 수천 권을 읽은 책 쓰기 강사의 지식과 내공에 도움을 받는 것이라고 생각하면 된다. 모든 것이 그렇다. 내가 준비되어 있고 능력이 갖추어져 있다면, 시간과 비용이 그만큼 감소되는 것이다. 만약 여러분이 초보 저자가 아니더라도 기존에 자신이 가진 지식에 추가적인 독서를 더해야 한다. 그리고 그 내용의 중심에서 조금씩 더 확장시키면서 새롭게 나의 글을 탄생시켜야 하는 것은 당연하다.

작가들에게 독서는 더할 나위 없이 중요하다. 자신의 지식과 경험은 기본이고, 다른 사람들의 생각과 경험도 참고해야 한다는 의미에서 그렇다. 실제로 유명 작가들은 평상시에 독서를 많이 하지만, 책을 쓰는 기간에는 독서를 훨씬 더 많이 한다고 한다. 내가 글이 잘 써지지 않는 결정적인 이유는 글쓰기 능력이 아니다. 그보다 더 중요한 그 분야에 대한 지식이 부족하기 때문임을 기억하기 바란다. 첫 문장을 잘 쓰려면 글쓰기보다 먼저 다독이 선행되어야 함을 이 책을 읽는 독자들에게 계속 강조하고 싶다. 결국 모든 것은 하루아침에 이루어진 것이 아니며, 그럴 만한 내공이 쌓여서 그렇게 되는 것임을 잊지 말자.

자료 조사는 단순히 다른 경쟁 도서를 수십 권 읽는 것이 아니다. 자료 조사는 내가 결정한 주제에 관한 책을 읽는 것에서 시작해 신문 기사나 논문 자료, 주위에서 들었던 에피소드 등도 포함된다. 첫 자료 조사는 자신의 글이나 경험으로 시작해야 한다. 지금부터라도 본인의 지식이나 경험을 메모하거나 정리해서 집필 준비를 해보자. 독자들은 저자의 생생하고 솔직담백한 경험, 그리고 에피소드를 기다리고 있을 것이다.

한편, 기획을 잘못 하게 되면 집필 단계에서 원고를 조금 쓰다가 포기하고 다른 주제를 다시 기획하게 되는 경우도 발생할 수 있다. 집필은 꾸준히 빠르게 써 나갈수록 좋지만, 기획 단계에서 다독과 자료 조사는 그렇지 않다. 충분한 고민과 검토의 시간을 통해 쓸 내용을 풍성하게 만들어놔야 한다. 그래야만 집필이 탄력을 받을 수 있다. 사실 우리 머릿속의 생각은 시시각각 다르게 변화한다. 또 생각하기에 따라 다른 주제가 더 좋아 보이기도 한다. 어쩌면 첫 책은 그래서 더 긴 시간이 걸리고 힘들 수 있다. 한마디로 생각이 많아서다. 주제가 많아서 고민일 수도 있고, 없어서 고민일 수도 있다. 그걸 극복해나가야 한다.

다독과 자료 수집을 통해 영감과 아이디어를 얻어 책을 써야 한다. 물론, 그 책 저자의 생각을 그대로 따라가고 설득되는 것이 아니라 내 주관을 가지고 그것을 재해석해나가야 한다. 그러려면 나 자신도 그만한 실력을 갖추고 있어야 한다. 그것은 정보를 간추려낼 수 있는 능력과 글로 표현하는 능력이다. 이러한 능력이 갖추어지지 않으면 아무리 많은 자료가 있다고 하더라도, 좋은 내용으로 만들어낼 수 없다. 경쟁 도서를 통해 내가 어떤 방향으로 이 주제에 대해 풀어나갈지는 오롯이 본인의 몫이다.

우리가 자료 수집을 하는 이유는 책을 쓰는 것이 나의 지식과 경험만으로는 부족하기 때문이다. 그리고 시야를 넓히고 수준을 좀 더 높이기 위해서다. 특히, 소설이나 에세이가 아닌 경제·경영 서적이나 자기계발 서적 등의 경우, 다독과 자료 조사는 반드시 필요하다. 주제를 잡기 전에 참고해보는 것이 더 효과적일 수 있다. 왜냐하면 사전 자료 조사를 하다 보면 그 주제에 관해 써야겠다는 확신을 가질 수도 있지만, 반대로 내가 생각한 주제가 아니라는 생각도 할 수 있기 때문이다.

그런데 한편으로 '자료는 자료일 뿐'이라는 생각을 하기도 한다. 그래서, 기본적으로 너무 많은 책을 참고하거나 그 책들을 분석하라는 말에 동의하고 싶지 않다. 그것은 책을 출간한 저자들의 땀과 노력을 너무 쉽게 따라 하는 과오를 범할수 있기 때문이다. 내가 생각하는 자료 조사는 내가 가야 할 방향에 대한 최소한의 독서와 영상물 조사다. 또한 내가 어떤 부분에서 독자들을 만족시켜야 할지에 대해 고민해야 하는 것이라고 생각한다. 즉, 저자의 재해석이 중요하다는 뜻이다. 결국, 자신만의 주장과 색깔이 없는 저자는 오래가지 못한다.

자료 수집에 대해 기준은 없지만, 일정 기간을 확보해서 자료 수집을 하는 것이 바람직하다고 할 수 있다. 자료 수집을 하다 보면 자신이 부족하다는 생각이 들어 끝없이 읽고 싶은 갈증이 생겨나기 때문이다. 사실 그런 생각이 드는 것이 저자로서의 바람직한 태도이며 모습이긴 하다. 그러나 이상과 현실이 다르듯이, 우리는 현실에서 주어진 시간과 타협할 줄 알아야 한다. 그래서 나는 참고 도서를 최대 30권 정도로 생각한다. 물론 한 단어라도 더 좋은 단어, 독자에게 더 유익한 내용을 찾기 위해 노력하다 보면 수십 권이 훌쩍 넘어갈 수도 있을 것이다. 그러나 그것은 억지스러움이 아닌 자연스러운 과정이 되어야 한다.

어쨌든 책을 쓰는 과정은 논문과 다르다. 무조건 참고를 많이 하고 많은 양을 섭렵하면 심층적이고 깊이 있는 논문이 탄생할지는 몰라도, 책은 그것과는 매우 다르다. 책은 독자와의 접점이 중요하며, 독자들도 잘 알아들을 수 있는 시선으로 재해석할 줄 알아야 한다. 자료 수집을 통해 책을 큰 노력 없이 쓰는 것은 저자의 중장기적인 성장에 있어서도 바람직하지 않다. 결국 쉬운 것은 인정받지 못하며 오래가지 못한다는 점을 인식하기 바란다. 자료 조사는 하되, 내 것으로 만들고 그것을 참고만 하며 나만의 색깔이 있는 글을 써 나가야 한다. 자신만의 깊이 있는 내공을 펼쳐야 하는 것이다.

책을 쓰겠다고 결심했다면 지금 당장 서점으로 달려가라. 그리고 자신이 선택한 주제의 책들을 폭넓게 최소 30권 정도는 사서 읽어보자. 그 책들의 장단점을 분석해 내 생각을 집어넣고 조합하면 내 책이 되는 것이다. 우리가 잘 아는 이지성, 채사장 같은 유명한 저자들도 책 한 권을 쓰기 위해 같은 분야의 책 수십 권을 읽고 새로운 창작을 통해 자기만의 깊은 고민을 통해 훌륭하게 만들어냈을 것이다.

자료 수집하는 방법
- 메시지와 주제에 맞는 자료를 찾는다.
- 키워드를 검색해서 찾으면 된다.
- 경쟁 도서는 구입하고 참고도서는 도서관에서 대여한다.
- 책뿐만 아니라 신문, 잡지, 논문 등도 참고한다.
- 자료를 잘 메모하고 요약한다.
- 정독할 책과 발췌독할 책을 구분한다.
- 자료 수집을 하며 제목과 목차를 고민한다.
- 자료를 편집하고 메모하며 내 생각을 다시 한번 정리한다.

독자와 출판사가 선택하는
베스트셀러

[출간 전략]

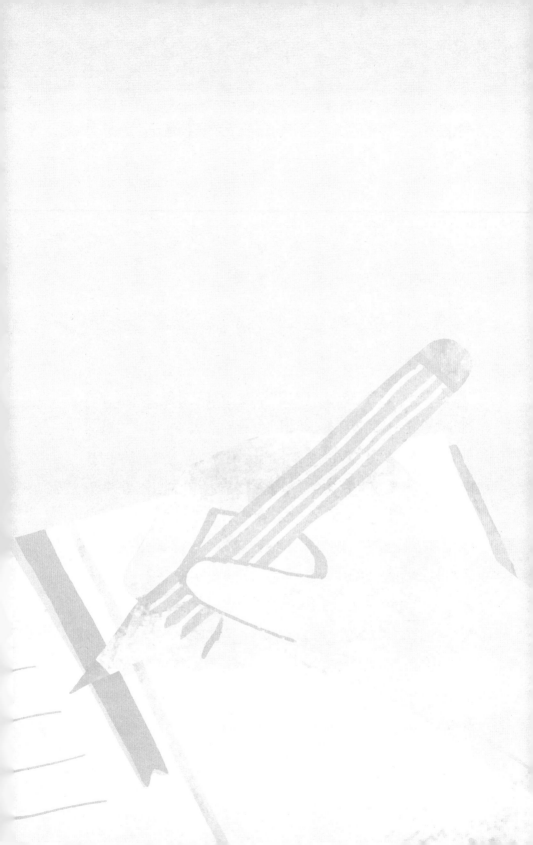

출판사의 입장에서
역지사지

저자가 책을 출간하는 데 성공하려면 먼저 제안을 받거나, 투고해서 출판사로부터 기획 출간의 선택을 받을 수 있어야 한다. 그런 의미에서 내가 출판사 대표나 편집자라면 어떤 생각을 할까 예상해보는 과정은 꼭 필요하다. 내 경험상 출판사 관계자들과 미팅을 할 수 있는 시간은 그들이 가진 생각을 조금 더 알 수 있는 좋은 기회가 되었다. 단지, 저자 입장에서만이 아니라 출간을 통해 수익을 얻어야 하는 출판사의 입장을 이해하게 되는 좋은 기회였다. 그런 경험을 해보면서 초보 저자들이 얼마나 현실을 잘 인식하지 못하고 투고 및 계약을 진행하고 있는지를 느끼게 되었다. 사실 이러한 서로 간의 입장 차이에 대한 현실은 출판사도 영리 추구를 하는 기업이기 때문에 당연한 것이다. 그런 논리를 이해할 줄 알아야 자신에게 맞는 출판사와 인연을 맺을 수 있다고 본다.

- 내가 전달하려는 메시지가 일관되고 명확해야 한다.
- 타깃 독자를 좁고 구체적으로 잡아야 한다.
- 저자의 영향력이 있거나 앞으로 활동력이 기대되어야 한다.
- 메시지를 전달하려는 콘텐츠가 차별화되어야 한다.
- 경쟁 도서보다 압도적인 강점이 있으면 더더욱 좋다.
- 저자에게 좋은 정보나 감동을 제공해야 한다.
- 현재의 출판 시장의 흐름을 반영해야 한다.

　일반적으로 대형 출판사는 먼저 영향력 있는 예비 저자 및 전문가에게 출간 제의를 한다. 그러나, 대부분의 경우는 저자가 먼저 투고하게 된다. 대형 출판사들은 그 분야의 판매량을 확보할 수 있는 유명 인플루언서나 팬덤이 있는 전문가에게 출간 제안 러브콜을 하게 된다. 그 외 대부분의 출판사 경우에는 저자가 투고해서 선택받는 기획 출간 계약을 하게 되는 과정으로 진행된다. 소속사에서 연예인을 길거리 캐스팅이나 눈여겨보고 있다가 캐스팅할 수도 있지만, 대부분은 오디션을 통해 지원해서 선택받는 경우를 생각하면 쉽게 이해가 될 것이다.

　만약 투고의 과정에서 원고가 제대로 인정을 받지 못한다면, 출간 비용을 저자가 일부 부담하거나 원고가 조용히 사라지게 될지도 모른다. 출판사 관계자들과 미팅을 여러 번 하다 보니 투고가 들어와도 90% 이상은 클릭해서 자세히 읽어보지 않는다는 사실을 알게 되었다. 출판사는 출간 계획에 따라 바쁘게 돌아가기 때문에 탁월한 원고가 아닌 이상 쉽게 선택하지 않은 경우가 많다. 또한, 저자의 영향력을 통한 판매량에 대해 보수적인 생각을 하게 된다.

지금 출판 시장은 상위 수십여 개 출판사에서 대부분을 점유하고 있는 시장이다. 출판사가 우리나라에 대략 60,000여 개라고 하는데, 결국 출판 시장도 수요와 공급 측면에서 양극화가 심하다고 할 수 있을 것이다. 여러분이 출판사들의 현황과 입장을 알고 있다면, 출판사 담당자들과 대화를 나눌 때 좀 더 효율적인 대화를 나눌 수 있을 것이다. 저자의 입장에서만 생각하지 않고 상대방의 입장을 이해할 수 있게 되는 것이다.

그러나 초보 저자들은 출판 프로세스나 세부적인 내용을 잘 몰라서 서로 오해가 생기는 경우도 있다고 한다. 예를 들면, 편집 교정 과정이나 다른 참고문헌의 인용에 관한 내용을 출판사에서 다 알아서 해준다고 생각하는 경우가 많다는 것이다. 실제로 원고 내용에 대한 부분은 저자가 출처나 이미지 사용에 대한 동의를 받는 경우가 대부분이다. 마케팅 부분에서도 마찬가지다. 신문 기사나 인터뷰 등의 홍보도 같이 노력해야 하는 부분이지, 그것이 일방의 노력으로 될 일은 아니다. 이처럼 계약 후에도 서로 원팀 정신으로 호흡이 잘 맞아야 하며, 서로 잘 조율하고 협력하는 것은 매우 중요하다.

그렇다면 저자가 바라볼 때 좋은 출판사는 어떤 출판사일까?
일단 편집부 및 디자인팀에서 출판 시장의 흐름을 잘 읽을 줄 알아야 한다. 그래야 제목이나 디자인을 협의할 때도 좋은 결과물이 나올 수 있다. 그보다 더 중요한 것은 출판사의 규모를 떠나 서로에게 신뢰 관계가 있어야 한다는 것이다. 베스트셀러 유명 저자 중에는 계속 한 군데 출판사에서 출간을 고집하는 경우도 많은데, 그 이유는 대형 출판사는 아니지만 인세를 꼬박꼬박 주고 서로의 신뢰 관계가 지속되었기 때문이었다고 한다. 우리는 살면서 의리와 신뢰가 현실적인 요소보다 더 중요한 경우들을 보게 된다. 나의 원고를 알아봐주고 나와 호흡이 잘 맞는 출판사, 그것이 나에게 좋은 출판사다. 호흡이 잘 맞으면서 일정 규모의 중대형 출판사와 인연을 맺는 것이 홍보 측면이나 앞으로의 저자가 성장하는 데 더 긍정적인 영향을 미치는 것은 너무도 당연한 이야기일 것이다.

우리나라의 출판 현실에서는 대체로 대형 출판사에서 유명인 섭외나 마케팅 비용 투입 등을 통해 좋은 책과 베스트셀러를 많이 만들어낸다. 하지만, 중소형 출판사도 그렇게 될 가능성이 충분히 있다. 그 이유는 매월 1명의 저자에게 더 간절하게 집중해서 신경을 써줄 수도 있기 때문이다. 그러므로 1차적으로는 기획 출간으로 내 원고가 선택받는 데 목표를 두고, 출판사의 규모에 대한 비교는 제안이 온 후에 꼼꼼히 따져보면 될 문제라고 생각한다. 다시 말해, 일정 규모의 중대형 출판사를 기준으로 하고, 추가적인 제시 조건 등을 서로 비교하면된다는 뜻이다. 사실 이 출간계약도 가수가 소속사를 잘 만나서 스타가 되듯이 서로 협력해서 좋은 결과가 나올 수 있도록 노력해야 한다. 서로에 대한 탓을 하는 순간, 저자와 출판사는 협력자가 아닌 서로에게 원망과 아쉬움의 대상으로 남을 것이다.

내 책이 속한 분야나 비슷한 장르를 잘 출간하는 출판사에 투고하고 선택받는 것도 매우 중요하다. 책을 많이 읽다 보면 출판사마다 주로 출간하는 분야가 다르다는 것을 알 수 있다. 물론 대형 출판사는 전체적으로 모든 분야를 다 출간하기도 한다. 그럼에도 주식 책은 어느 출판사, 여행 책은 어느 출판사가 잘 만든다는 전통은 존재한다. 그래서 투고할 때도 일괄적으로 같은 내용의 메일을 보내는 것보다는 내가 출간하고 싶은 출판사에 좀 더 집중해서 나의 진정성을 담아 편집자에게 어필해볼 필요가 있다. 그렇게 최선을 다했는데도 잘 안 된다면 어쩔 수 없지만, 과정에서 그런 노력은 후회 없이 시도해야 한다. 물론 기본적으로 원고가 기본에 충실해야 함은 두말할 나위가 없다. 그것을 갖춘 후에 적극적으로 도전할 수 있는 것이다.

한편, 출판사 입장에서 볼 때 가장 좋은 저자는 원고를 충실하게 완성해서 제시간에 제출해주는 저자라고 한다. 서로 일정을 지키지 않아 어긋나면 편집자들도 업무를 진행하는 데 차질이 생기고 스트레스를 받게 될 것이기 때문이다. 어느 분야에서든 기본이 중요함을 다시 한번 인식해야 한다. 그것이 신뢰 관계다. 출간 및 홍보 마케팅은 그다음 문제다. 모든 과정이 기본에 충실하다면, 점점 더 성장하는 저자가 될 것이다.

그렇다면, 계약 전 출간기획서를 쓸 때는 어디에 중점을 두어야 할지 생각해보자. 가장 중요한 요소는 저자가 책을 판매할 수 있는 영향력과 마케팅 능력이다. 그것이야말로 출판사에서 가장 중요시하는 점이다. 한 가지 당부드릴 점은 출판사에 출간기획서를 보낼 때는 내가 책을 살 수 있다는 것은 쓰지 않았으면 하는 바람이다. 초보 작가의 순수한 열정도 좋지만, 그것보다는 좋은 원고와 마케팅을 통해서 시장의 평가와 자연스러운 결과물을 얻어야 한다는 것이 내 생각이다. 영향력과 마케팅 능력 다음으로는 콘셉트가 출판사가 즐겨 보는 평가 요소다. 내가 어떻게 마케팅을 할 것인지, 내 책이 다른 기존의 책들과 어떻게 차별화되는지를 출판사에 설명하고 설득해야 한다.

출판사 입장에서뿐만 아니라 저자에게 첫 번째 책은 매우 의미 있고 중요하다. 출판사에서는 수백 권 중에 한 권일 수 있지만, 저자에게는 자신의 이름으로 된 평생 한 권이 될 수도 있기 때문이다. 자신의 첫 번째 책이 판매량 측면에서 잘될 수도 있고, 아쉬운 결과가 나올 수도 있다. 그럼에도 가장 중요한 것은 저자 자신이 만족할 수 있는 책을 출간해야 한다는 점이다. 나의 방향성에 잘 맞는지 최선을 다했는지 나 자신에게 되물어볼 필요가 있다. 추후 두 번째 책을 출판사에 투고하거나 제안이 왔을 때, 첫 책의 판매량도 중요하지만 내용이 충실하고 저자의 내공이 느껴지는 책이어야 한다는 점이 더 중요하다. 그런 면에서 첫 책을 낼 때 좀 더 심혈을 기울이고 신중해야 한다.

저자의 영향력이나
스토리의 힘

　지금 이 시대의 저자가 독자들에게 선택받기 위해서는 영향력이 있어야 한다. 예전에는 출판사에서 주로 신문 기사에 책을 홍보하고, 대형서점에서 출간기념 행사를 하는 등의 홍보를 했다. 그러나 지금은 시대가 완전히 달라졌다. 지금은 저자가 영향력을 갖추어놓은 상태에서 그 영향력을 통해서 TV 방송, 라디오, 유튜브에 출연하거나 신문사의 출간 인터뷰 섭외를 받을 수 있어야 한다. 대형 출판사의 유명 저자가 아니라면, 출판사에 너무 큰 기대를 하지 말고, 자신이 SNS를 통한 홍보 마케팅을 해야 한다는 자세로 임해야 한다.

　이 시대의 홍보 마케팅의 기본 방향은 오프라인 형태의 사인회나 출간 기념회보다는 블로그, 인스타그램, 유튜브가 기본이 되어야 한다. 사실 오프라인 행사는 독자들과 호흡을 같이하면서 찐 팬을 만들 수 있는 가치가 있다. 그러나 시대가 온라인 세상으로 변했고, 그에 따른 편리성과 효율성을 추구하다 보니 이제는 독자들과의 만남도 오프라인보다는 온라인이 보편적인 수단이 되었다. 언택트 시대를 겪어본 지금에서야 알게 되었지만, 온라인 마케팅이나 온라인 강의는 오프라인보다 더 강한 힘이 있다. 예전에는 오프라인으로 100명을 출간기념회에 초대했다면, 지금은 온라인으로 매일 100명씩 지속적으로 출간기념 강연을 기획하는 시대가 되었다. 시간과 비용 측면에서 효율성이 높아졌다. 결국 저자는 자신의 영향력을 통해 찐 팬을 얼마나 많이 확보해서 판매량을 늘릴 것인지 고민해야 한다. 예를 들어, 독서 모임이나 유명 유튜브에 출연하는 것도 좋은 방법이다. 출간 전부터 사전 준비를 해서 출간 후에 최대한 적극적인 활동을 해야 한다. 출간 전후 1개월의 골든타임을 잊지 말자.

그렇다면 저자의 영향력은 어떻게 키워야 할까? 기본적으로 연예인, 기업 CEO나 정치인, 유명 강사 등 TV에서 볼 수 있는 사람들의 영향력은 매우 크다고 볼 수 있다. 결국 이분들처럼 부와 명예 중에 둘 중 하나는 가지고 있어야 영향력이 있다고 볼 수 있다. 일반인들도 누구나 책을 쓸 수 있는 시대가 되었지만, 영향력을 통한 마케팅 능력까지 갖춘 사람은 그다지 많지 않다. 따라서 지금 영향력을 갖추고 있지 않다고 해서 실망할 것이 아니라, 나의 영향력을 지금부터라도 조금씩 더 갖추면 될 것이다. 지금 당장 TV나 라디오, 유튜브에 출연하지 못하더라도 책이라는 디딤돌을 놓아 앞으로 영향력을 키워나가면 된다. 그러려면 저자는 SNS 등을 통해 계속 실력을 키우면서 자신의 영향력을 끌어올려야 한다. 그리고 영향력을 통해 수익을 추구하는 방법도 준비하고 실행해야 한다.

저자의 영향력이 비즈니스 측면에서 시작의 단계라면 더더욱 절차탁마(切磋琢磨)해야 한다. 그리고 스토리의 힘과 내용이 충실해야 한다. 자신의 SNS를 꾸준히 강화하고, 무료 강연도 지속적으로 할 만큼 열정이 있어야 한다. 기존에 이미 전문가로 자리 잡은 저자의 경우보다 여러 방향으로 소통하고 노력해야 한다. 저자가 원고를 완성하는 데만 그쳐서는 결코 성장할 수 없는 시대다. 그런 노력은 책을 쓸 때도 그렇고, 책을 쓰고 난 이후에도 마찬가지다. 책을 쓸 때의 열정과 간절함도 기존 인플루언서보다 훨씬 더 커야 한다.

이쯤에서 한 가지 분명한 사실은 책을 쓰려고 하는 현재의 당신은 성장 가능성이 충분하다는 것이다. 생각 자체도 하지 않고 도전하지 않는 것이 안타까울 따름이라는 점을 밝혀둔다. 직장인이든, 사업가든 간에 명예나 부가 있더라도 현실에 만족해서 책을 쓰지 않고 머무르는 경우도 많다. 그에 반해 아직은 부족하지만 시작하려고 하는 여러분이 더 위대하다고 생각한다. 직장인이 승승장구하다가 어느 순간 퇴직을 맞이하게 되고, 사업가도 갑작스러운 위기를 겪는 걸 보면 현실에 안주하는 것이 얼마나 위험하고 어리석은지를 알 수 있다. 그래서 현재를 사는 우리는 계속 성장할 수 있도록 자신을 격려하고 긴장을 늦추지 말아야 한다. 그리고 여러분의 지식과 경험을 기록으로 남기는 책은 추후에 돌아보았을 때 매우 만족스러운 활동이며, 앞으로 나아갈 수 있는 최고의 자기계발이 될 것이라고 믿는다.

한편, 저자 자신이 객관적으로 생각했을 때, 자신의 원고가 출판사에 얼마만큼 매력적으로 보일 수 있을지 생각해볼 필요가 있다. 결국은 그런 매력이 있는 저자를 찾기 위해 출판사들은 직접 나서는 것이다. 대형 출판사들은 지금도 영향력 있는 저자들을 찾기 위해 뛰어다니고 있을 것이다. 우리가 아직 영향력이 대단하지 않다면, 출판사가 기대감이 있을 정도의 매력을 보여주어야 한다. 그래야만 출판사도 투자할 만한 동기부여가 생기는 것이다. 책을 내고 싶다면 지금부터라도 블로그, 인스타그램부터 시작해보자. 인터넷 카페나 유튜브도 잘 준비해서 시작하자. 결국 지금 이 시대는 나의 영향력이 커질수록 시간과 비용을 효율적으로 운영해 수익을 극대화할 수 있는 시대다. 그리고 그랬을 때 남들보다 빠르게 앞서나갈 수 있는 시대다.

예를 들어, 이미 명성을 얻은 저자들은 우리가 흔히 접하는 잘 알려진 맛집들이다. 오랜 시간 동안 노력해서 자리를 잡았거나 좋은 위치, 솜씨 좋은 셰프 등을 통해 그 자리까지 왔을 것이다. 그러나 가끔 숨은 맛집을 우연히 알거나 소개로 알게 되는 경우가 있다. 생긴 지 얼마 안 되어서 몰랐을 수도 있고, 오래전부터 있었지만 잘 몰라서 그랬을 수도 있다. 큰 기대를 하지 않고 가보았는데 만족스러운 결과를 얻었다면, 그것에서 얻는 만족감은 더 클 것이다. 그리고 그 집은 점점 더 입소문을 타고 계속 발전해나가고 있을 것이다. 어느 분야에서 경험이 부족한 상황이더라도 준비를 잘하거나 주위 지인의 도움으로 처음부터 잘될 수도 있다. 그러나 몇번의 도전과 시행착오를 통한 깨달음을 통해서 성과를 이루어내는 것이 더 큰 성장임을 기억하기 바란다.

책을 처음 쓰려는 대부분의 예비 저자들은 막연하게 '내 책이 출간되었으면 좋겠다', '그 책이 잘 팔렸으면 좋겠다'라고 생각한다. 그러나 결론부터 말하자면 베스트셀러가 될 책들은 이미 어느 정도 결정되어 있다고 할 수 있다. 그것은 바로 저자의 영향력, 출판사의 마케팅에 따라 90% 이상이 결정된다는 뜻이다. 그럼에도 불구하고 초보 저자들은 지금부터의 영향력을 위해서라도 책을 써야 한다. 그것은 조직에서나 1인 기업의 수익 모델의 기반이 될 수도 있다. 아직 영향력이 약한 초보 저자이더라도 스토리가 탄탄하고 시장의 흐름을 잘 반영한 책이라면 화제의 책이 될 수 있다는 점을 말하고 싶다. 그리고 더 나아가 베스트셀러 및 스테디셀러가 될 수도 있다. 1%의 가능성만 있다고 해도 도전해야 하는 것이 우리의 도전 이유이며, 성장의 근본이 될 것이다. 나의 지식과 경험, 그리고 스토리의 힘을 믿고 풍성하고 담백한 원고를 작성해보도록 노력하자.

스토리에 힘이 있다는 것은 저자의 경험이나 지식에서 좀 더 임팩트 있고 확장시킨 내용을 독자에게 전달하는 것이다. 그리고 그 스토리는 독자들이 원했던 갈증을 해소시켜줄 수 있을 것이다. 내가 가진 경험이나 지식이더라도 내가 하고 싶은 말만 하면 안 된다. 과도하게 자신의 입장과 이야기만을 가지고 독자에게 전달하려고 하면 일기나 자서전처럼 아무도 관심 갖지 않을 수도 있다. 그것은 독자 입장에서 매력적이어야 한다.

스토리를 찾는 방법은 몇 가지가 있을 것이다. 첫 번째는 시장 흐름을 먼저 파악하고 그중에서 내가 쓸 수 있는 주제를 찾는 것이고, 두 번째는 아직은 부족하지만 추가적으로 준비와 공부를 통해서 그 분야의 책을 경쟁력 있게 쓰는 것이다. 공부를 한다고 해도 어느 정도 기간과 성숙기가 필요할 것이다. 한마디로 독자들이 볼 때 진짜로 보여야 한다. 만약 내가 관심 있는 한 분야에 관한 책을 쓰는데, 아직 관심 갖기 시작한 지 얼마 되지 않았고 지식의 깊이도 없다면, 아무리 공부해서 책을 썼다고 해도 독자들로부터 외면받을 것이다.

반면 기존에 자신의 영향력이나 수익적인 비즈니스가 갖추어져 있다면, 너무나 빠른 속도로 책의 위력이 발휘될 것이며, 그렇지 않고 둘 중 하나만 가지고 있다면 둘 중 하나를 채워가면 될 것이다. 둘 다 부족하다면 지금부터 시작해야 한다. 지금 이 책을 계기로 노력해서 베스트셀러나 브랜딩을 통해 추구해나가면 된다. 오히려 이럴 경우에 시간이 걸릴 수는 있어도 더 큰 인생의 반전과 기회가 될 것이 분명하다. 그리고 자신의 인생에서 책 쓰기의 파급력이나 만족도가 훨씬 더 크게 느껴질 것이다.

영향력이나 어떤 스토리를 펼치면 좋을지 고민될 때 읽으면 좋은 책!

《보이지 않는 영향력》 – 조나 버거, 문학동네, 2017
《컨테이저스 전략적 입소문》 – 조나 버거, 문학동네, 2013
《스토리텔링 바이블》 – 대니얼 조슈아 루빈, 블랙피쉬, 2020
《STICK 스틱!》 – 칩 히스, 댄 히스, 엘도라도, 2009

제목, 목차, 표지 디자인이
구매의 승부처

책을 쓰는 첫걸음은 어떤 장르와 콘셉트인지를 결정한 다음, 제목과 목차를 결정한다. 그중에서도 제목은 매우 중요하다. 내가 말하고 싶은 제목 말고, 독자들이 관심을 가질 수 있는 제목을 선정해야 한다. 제목이 너무 평범해도 관심을 끌기 어렵고, 너무 자극적이어도 본문 내용을 보고 실망할 수도 있다. 그래서 내용과 잘 부합하는 제목을 고민하고 선정해야 한다. 제목에 대한 키워드를 검색해보고 그것에 대해 끊임없이 연구해야 한다. 그러고 나서, 제목 후보를 5개 이상 선정하고, 최종적으로 본문 내용 및 목차와 잘 부합하는 제목을 선택해야 한다. 제목과 목차는 밀접한 관계가 있다. 그래서 당연히 서로를 보완해주는 역할을 해야 한다. 책 쓰기의 콘텐츠를 결정했다면, 제목과 목차를 논리적으로 구성하는 것은 매우 중요한 과정이며, 책 쓰기의 50% 이상의 비중을 차지한다고 볼 수 있다.

독자마다 구매 기준은 다르지만, 일반적인 구매 결정 패턴은 비슷해 보인다. 해당 분야의 관심 독자가 제목이나 저자를 보고 나서 관심을 가진 후에 목차나 표지 디자인을 보고 결정하게 된다. 추가로 서문이나 본문 내용 등을 보며 최종 결정을 하기도 한다. 또한, 필요한 내용이 얼마나 담겨 있는지를 목차나 내용을 보며 살펴보게 된다. 일부 독자는 내용까지는 보지 않고 리뷰 등의 입소문과 저자의 명성을 통해 구매하는 경우도 있다. 그러나 일반적으로 대다수의 독자들은 주로 표지를 포함한 제목과 목차를 보며 판단하게 된다.

독자들이 구매하는 좋은 제목은 본문 내용과 목차를 잘 반영한 것이다. 또한, 서점에 진열되었을 때 눈에 잘 띄는 제목인지 고민해야 한다. 기억하기 쉬워야 하므로 너무 긴 제목보다는 10자 이내의 제목이 좋다. 평소에 베스트셀러 리스트에 오른 제목을 검토하면서 당신이 쓸 책의 제목을 미리 만들어보는 연습을 해야 한다. 또한 매력적이고 눈에 띄는 제목을 만들어내기 위해서 계속 생각해야 한다. 한두 번 생각할 것이 아니라, 책을 쓰는 내내 심사숙고해야 한다. 경쟁 도서와 베스트셀러 도서를 비교·분석해보아야 하고, 신문·잡지·방송 등을 보며 떠오르는 아이디어와 영감을 메모해두어야 한다. 좋은 제목들을 잘 조합하다 보면 만족스러운 제목이 나올 수 있다. 제목과 더불어 부제도 있어야 하는데, 부제는 제목보다 좀 더 사실적으로 표현해야 한다.

그렇다면 제목은 어떻게 만들어야 할까?

제목은 내가 전달하려는 메시지의 핵심 키워드를 2~3개 담고 있어야 한다. 그리고 제목 후보 여러 개를 생각해 그중에서 적절한 제목을 골라야 한다. 제목은 처음에 결정해놓고 집필을 할 수도 있지만, 중간중간에 생각이 달라질 수도 있다. 원고를 쓰면서 방향이 조금씩 달라지거나 목차가 일부 수정될 수 있기 때문이다. 필자 역시 여러 번 문장형으로 하는 것이 좋을지, 명사형으로 할지에 대한 고민을 한다. 출간 전까지 고민이 계속되는 것이 제목에 대한 결정이다.

제목뿐만 아니라 목차도 본문을 쓰다 보면 일부 수정이 된다. 같은 내용을 가지고도 목차는 표현이 수정될 수도 있고, 배열이 달라질 수도 있다. 같은 책으로 묶어지는 여러 개의 중제목과 소제목은 결국 같은 맥락이지만, 어떻게 배치하느냐에 따라 구조적으로 완성도가 달라질 수 있다. 결국 제목과 목차는 긴밀하게 상호보완되어야 한다. 그리고 본문을 쓰면서도 독자들이 볼 때 어떻게 하면 더 완성도 있는 책이 될지 고민하는 과정이 지속된다. 또한, 제목과 목차는 통일성과 일관성이 있어야 한다. 그래야만 독자들도 제목이나 목차를 보았을 때 납득할 수 있으며, 흐르는 물결처럼 쉽게 읽어나갈 수 있다. 결국 제목, 목차, 표지 디자인의 구매 3박자를 잘 갖추기 위한 노력은 지속되어야 한다.

간혹 어떤 책을 보면 제목과 목차가 다른 방향으로 쓰인 책들이 있는 걸 볼 수 있다. 아니면 제목에 관한 내용이 일부만 목차에 반영되었거나 일관된 내용이 아닌 경우도 있다. 이런 경우, 독자가 제목만 보고 충동구매했다면 실망하게 되기도 한다. 그래서 목차도 논리적으로 촘촘하게 구성해야 한다. 예를 들어 누구와 대화를 나눌 때도 상대방이 많은 말을 했지만, 그 내용이 기억이 잘 나지 않는 경우가 있다. 무슨 말을 했는지 어떤 대화를 했는지, 잘 이해가 되지 않는 것은 논리적인 말하기가 되지 않아서일 것이다. 논리성, 통일성, 일관성을 가지고 목차를 구성해야 구매자의 욕구를 충족시키며 좋은 상품으로 보일 수 있다. 책을 구매할 때 독자들이 본문을 다 읽을 수는 없다. 그래서 제목과 목차가 승부처다. 목차를 '기-승-전-결'로 할 것인지, '2W1H(What, Why, How)'로 할 것인지에 대한 고민이 필요하다. 제목과 목차는 결국 책 쓰기의 50% 이상의 비중인 만큼 중요하게 인지해야 하고 깊은 고민이 필요하다.

자신의 책 제목은 전달하고자 하는 핵심 단어다. 핵심 키워드에서 시작해서 목차로 스며드는 것이며, 그 목차를 바탕으로 나의 지식과 경험을 서술해나가면 된다. 기획 단계에서 콘셉트와 제목, 목차를 잡는 데도 최소 한두 달이 소요된다. 필자는 한 권의 책이 대중들 앞에 다가서는 데, 그 정도의 고민은 필요하다고 생각한다. 만약 목차를 구성하는 데 소요된 시간이 짧은 일주일이었다면, 부족한 부분이 보여서 다시 전면 수정이 필요할지 모른다. 전면 수정과 숙고의 과정은 나중에 추가로 시간이 낭비되는 결과를 초래할 수 있다. 그러므로 충분한 시간을 갖고 차근차근 콘셉트, 제목, 목차의 준비 과정을 거쳐 결정하기를 바란다. 그러면 완성도가 상당한 수준으로 높아질 것이다.

실제로, 투고했을 때 제목과 목차는 절대적인 중요성을 가지고 있으며, 추가적인 샘플 원고는 제목과 목차 등이 매력이 있을 때 살펴보는 것이다. 결국 제목이나 목차에서 관심을 끌지 못하는 원고는 샘플 원고도 읽히지 않는다. 반대로 내용이 조금 부족해도 콘셉트에서 출발한 제목에서 목차까지 매력이 있다면 출판사는 놓치기 아까울 것이다. 글을 좀 더 다듬고 내용을 추가하거나 수정하는 것은 저자가 시간을 투자해서 보완할 수 있기 때문이다. 이렇게 출판사와 독자들이 바라보는 제목과 목차는 절대적인 중요성이 있다. 그러므로, 여러분은 독자들이 한 번에 반할 수 있는 매력적인 제목과 목차를 만들기 바란다.

경쟁 도서를 분석하거나, 내가 쓸 내용과 목차 안에서 제목을 고민한다면 충분히 매력적인 제목이 나올 수 있을 것이다. 제목은 쉽게 바꾸지 않으며 계속 저자를 따라다닌다. 평생 나의 출신학교처럼 따라다니는 것과 비슷하다. 내용은 개정판에서 조금씩 더 보완할 수 있겠지만, 제목을 아예 바꾸거나 목차를 수정하는 경우는 많지 않다. 그러므로 다시 한번 제목과 목차의 중요성을 깨닫고, 신중하고 면밀하게 검토해서 결정하길 바란다. 그래야 저자 본인도 원고의 방향에 대한 확신을 갖고 술술 잘 쓸 수 있을 것이다. 그렇지 않고 중심이 제대로 잡혀 있지 않거나 흔들리면, 결국 원고를 쓰다가 다시 원점으로 돌아오거나 수정할 사항이 많아질 수 있다.

결국, 독자는 본문 내용을 다 읽어볼 수는 없어도 목차를 보고 내가 필요한 정보와 내용이 있을 거라고 판단하고 구매하는 것이다. 제목이 한눈에 끌릴 수 있는 것이라면, 목차는 논리적이면서 필요한 정보를 분명하게 보여주어야 한다. 본문 내용을 좀 더 분명히 보여주는 역할을 하는 것이다. 목차를 본다는 것은 독자가 책을 구매할 가능성이 더 커졌다는 뜻이다.

끝으로, 출간 직전에 가장 중요한 표지 디자인을 살펴보자. 표지 디자인은 제목과 맞물려 있다. 제목이 먼저 결정되었으므로, 제목을 잘 표현하고 살릴 수 있는 디자인이 필요하다. 표지 디자인을 결정할 때 출판사에 먼저 의견 제안을 해보는 것도 좋고, 출판사에서 3개 이상 보내준다면 저자의 의견을 담아 수정을 부탁하는 것도 좋다. 중요한 점은 좋은 표지 디자인이 나올 수 있도록 서로 협력하는 것이다. 소극적인 의견보다는 적극적으로 의견을 제안하는 것이 더 바람직하다.

저자 입장에서는 표지를 고민할 때 서점에서 베스트셀러 책을 반드시 살펴보아야 한다. 디자인은 유행이나 트렌드가 있으므로 현재 시점에서 참고할 필요가 있다. 그리고 같은 분야의 책들을 비교해볼 필요가 있다. 키워드가 비슷한 경쟁 도서를 살펴보고, 내 책의 제목에 맞는 색상과 디자인을 선택해야 한다. 표지 디자인의 앞쪽에 띠지가 어울릴지도 출판사와 협의해야 하며, 앞표지에 들어갈 강렬한 카피 문구를 통한 책 소개도 필요하다. 앞표지뿐만 아니라 뒤표지도 잘 생각해야 한다. 어떤 저자들은 간단한 추천사를 몇 분에게 부탁해서 뒤표지에 싣는 경우도 있고, 서문이나 본문에서 가장 어필하고 싶었던 내용이나 독자들이 읽고 싶게끔 만들 수 있는 본문의 문장을 쓰는 경우도 있다. 이것은 출판사와 잘 협의해서 어떤 방향으로 하는 것이 좋을지 협의해보는 것이 좋다.

표지 디자인은 디자이너의 고유 영역으로 생각하는 경향이 있지만, 그렇다고 해서 저자가 의견을 말하지 못할 것은 없다. 그리고 실제로 몇 개 중에 고르라고 해도 그것이 책 본문의 내용과 메시지, 콘텐츠 등과 잘 맞지 않는다는 생각이 들면 정중하게 건의해야 한다. 결국 계약부터 출판까지의 진행 과정에서 어떻게 상대방의 의견을 잘 존중하면서 나의 의견을 제시할 것인지는 저자 본인의 몫이고 능력이다. 기획 출간이라고 해서 무조건 출판사의 입장에서 진행하고, 자비 출간이라고 해서 저자 마음대로 출판사에 요구할 수는 없는 것이다.

사실 이런 모든 과정은 그 기간과 관계없이 즐거운 고통의 과정이다. 하나씩 퍼즐이 완성될 때마다 성취감이 조금씩 느껴질 것이며, 그것이 내가 지금 성장하고 있음을 증명하는 것이다. 처음엔 누구나 길고 어두운 터널이 지난 후의 햇빛을 상상하기 어렵다. 그러나 그 긴 터널을 인내하며 이겨낸다면, 그 사람은 밝은 햇빛을 볼 수 있는 영광의 승리자가 될 것이다. 그 반대로 터널이 너무 어둡거나 길어 보여서 들어가지 않거나, 그 안에서 방황하거나 포기한다면 결국은 밝은 햇빛을 영영 보지 못하게 될지도 모른다.

- 책의 전반적인 내용을 담고 있어야 한다.
- 독자들이 기억하기 쉬운 핵심 키워드여야 한다.
- 최근의 출간 흐름의 대세를 참고한다.
- 길이의 문제가 아니라 여운이 남아야 한다.
- 독자들의 호기심을 이끌어야 한다.
- 독자들의 시선을 붙잡을 수 있어야 한다.

좋은 목차의 요건

- 전체적인 흐름이 부드러워야 한다.
- 큰 목차도 일관성과 통일성이 있어야 한다.
- 3단 구성을 할지 4단 구성을 할지 결정해야 한다.
- 작은 목차의 수는 균등한 것이 좋다.
- 어려운 단어보다는 쉬운 단어를 활용하는 것이 좋다.
- 큰 목차는 작은 목차와 제목과의 중간 역할이 잘되어야 한다.

표지 디자인 할 때 고려할 점

- 현재의 베스트셀러 책들을 보며 롤 모델을 선정한다.
- 같은 분야의 책을 참고한다.
- 온라인·오프라인에서 내 눈에 띈다면 독자들의 눈에도 좋은 것이다.
- 앞면 뒷면에 들어갈 문구에 관한 내용 및 디자인을 고민해야 한다.
- 표지 색상과 글자 색상에 대한 배합을 잘해야 한다.

차별화된 전문가로 보일 때
- 선택과 인정

우리는 책을 쓰기 전이나 쓰고 난 후 계속 생각을 해야 한다. 그 생각은 이 책을 통해 독자를 만족시키면서 내가 어떤 방향으로 나아갈 것인지에 대한 것이다. 내가 한 분야의 전문가로 발돋움해서 수익을 극대화할 수도 있고, 지식을 기반으로 강사가 될 수도 있다. 그리고 순수한 전업 작가가 되고 싶을 수도 있다. 직장 내에서 자신의 역량을 드러내며 승진할 기회를 더 빨리 얻을 수도 있으며, 더 좋은 조건으로 스카우트될 수도 있을 것이다.

새로운 좋은 기회를 맞이하고 싶은 것이 우리가 책을 쓰는 이유다. 그것의 핵심은 바로 차별화된 전문가이며, 내가 그 분야의 핵심 키워드 및 문제 해결책을 제시할 수 있는 몇 안 되는 사람이 된다는 의미가 될 것이다. 내가 유일한 대안까지는 아니어도 상위의 경쟁자들과 함께 어깨를 나란히 할 수 있는 새로운 전문가로 자리매김할 수 있는 것이다. 그것은 조직 내에서 나의 브랜딩이자 내 기업의 브랜딩일 수도 있다.

나의 강점과 차별화를 명확하게 구분하며 나만의 강점을 먼저 찾고, 그 강점 안에서 다른 차별화를 찾아내야 한다. 내가 남들보다 특별히 잘 알거나 잘하는 것이 있다면 그것이 강점이다. 그것에서 출발해서 어떻게 남들과 다른 것인지를 면밀히 고민해야 한다. 필자의 첫 책의 경우, 마흔의 지식과 경험을 강점으로 생각했고, 수익 공부와 마음 공부 2가지를 다 갖추도록 노력해야 한다는 메시지가 차별점이었다.

내 책이 나의 지식을 알려주는 정보를 주는 책인지, 경험을 통해 감동과 깨달음을 주는 책인지 차별화의 측면에서 생각해보아야 한다. 그리고 차별화된 전문가는 좁은 타깃층을 생각하면서 글을 써야 한다. 나는 누구에게 이 메시지를 전달하고 있으며, 누구에게 선택받고 인정받아야 하는지를 지속해서 고민해야 한다. 경쟁 도서 등을 분석해서 내 책은 어떤 강점이 있을지, 어떤 차별화가 있을지를 출간기획서에 명확하게 적어놓고 집필을 시작해야 한다. 그 차별화는 기존에 전문가로 자리매김했기에 가능할 수도 있고, 지금 책을 쓰면서 자신의 색을 입혀서 차별화된 전문가로 보일 수도 있다. 만약 지금 시작했다면 더 많은 노력과 시간이 필요할지도 모른다. 그래도 나의 가치와 수익 비즈니스를 동시에 높이기 위해 노력하면 반드시 이루어질 것이다.

차별화라는 뜻에는 독자들의 갈증을 같이 고민하며, 그것을 해결할 수 있는 전문가로 보여야 한다는 뜻이 들어 있다. 우리가 직장생활을 할 때 자신만의 색깔이 있어야 한다고 말하기도 한다. 색깔이 차별화와 비슷한 의미. 그 사람만이 가진 고유의 특성, 남들이 따라 하기힘든 정체성이 바로 그것이다. 책에도 차별화와 저자만의 색깔이 있어야 한다. 그래야만 출판사로부터 선택을 받고 독자들에게 인정을 받게 되는 것이다. 그리고 그런 차별화된 관점은 책을 쓰는 동안 지속되어야 한다.

책을 쓸 때 차별화된 전문가로 보이기 위해 가장 고민해야 할 단계는 언제일까? 그것은 바로 콘셉트 잡기와 타깃 독자의 결정 단계다. 앞서 주제를 결정하고, 그에 따른 콘텐츠 및 독자에게 전달할 메시지를 결정했다면, 다음으로 그에 따른 콘셉트와 타깃 독자를 결정해야한다. 콘셉트는 경쟁력 있는 방향성을 의미한다. 같은 주제라 하더라도 내가 어떤 콘셉트로 방향을 잡을 것인지에 따라 기획 의도는 크게달라진다. 주제, 콘텐츠를 핵심 키워드라고 생각하면 되고, 내가 말하고자 하는 핵심 내용이 메시지가 된다. 또한, 내가 어떤 측면에서 경쟁력 있게 구체적으로 독자에게 전달할 것인지 고민하는 것이 콘셉트와타깃 독자의 단계다.

책을 쓰겠다고 결심한 사람은 단순히 글을 잘 쓴다고 생각하거나비즈니스 모델에서 수익을 더 얻으려고만 해서는 안 된다. 더 나아가내가 전달하고자 하는 분명한 콘셉트와 구체적이고 정확한 타깃 독자를 팬덤으로 형성할 수 있는 의지가 있어야 한다. 타깃 독자의 핵심은 정확하고 구체적이어야 한다. 너무 막연하고 폭넓은 독자를 대상으로 하면 배가 산으로 갈 수 있다. 독자들은 자신이 가장 필요하고 구체적인 해결책을 제시해주는 책을 골라서 구매하고 읽을 것이 분명하기 때문이다.

차별화는 나의 강점과 긴밀하게 연결된다. 그 강점은 독자를 감동시키고 독자에게 행동을 유발하기도 한다. 그리고 그 독자의 문제를 해결해주어야 한다. 내가 쓴 책은 독자들의 갈증을 해결해주고 그 해결책을 제시함으로써 저자에게 찾아오게 해야 한다. 초고를 시작하기 전에 내가 그 주제에 대해 전문가가 될 자격이 있는지, 책이 나온 후 독자의 질문에 대해 답해줄 수 있을 만한 충분한 전문성이 있는지 다시 한번 살펴보기 바란다.

과거와 현재의 관점에서 나를 찾아 그것을 책을 쓰는 경우에는 전문가의 반열에 좀 더 빠르게 올라설 수 있다. 그러나 현재보다 미래의 나를 위한 초석으로 책을 쓴다면 차별화된 전문가로 인정받는 시간이 좀 더 소요될 수도 있을 것이다. 그러므로 책을 출간한 후에도 인내를 가지고 그 분야의 영향력을 계속 넓혀나가면 언젠가 성장하게 되는 날이 올 것이라 믿는다.

과거의 독서가 현재의 책 쓰기를 좀 더 빠르게 진행할 수 있게 하듯이, 과거의 지식과 경험을 가진 전문가는 그 분야에 대한 전문가가 되는 시간을 앞당길 수 있다. 그러나 그 반대의 경우는 좀 더 시간과 노력이 필요하다. 따라서 신규진입자로서 최선을 다해야 할 것이다. 결국 인생을 살면서 해답은 자신에게 있다는 사실을 깨달아야 한다. 과거는 현재로, 현재는 미래로 연결되어 있다는 점을 책을 쓰면서 다시 한번 되새겨보기를 바란다. 그리고 차별화된 전문가가 되는 측면에서도 당장 나에게 부족한 것을 받아들이고 절차탁마를 해야 한다.

만약 기존 시장에서 차별화된 전문가라면 책을 좀 더 부담 없이 써도 될 것이다. 예를 들어, 의사나 회계사처럼 그 분야의 전문직이라면 그 분야에 대해 차별화를 그렇게 부각하지 않아도 독자들은 저자를 인정해줄 수 있다. 그러나 지금까지 차별화된 전문가가 아니었다면, 지금부터라도 차별화된 전문가처럼 보여야 한다. 그리고 실제로도 전문가가 되어야 한다.

책은 크게 2가지로 나눌 수 있는데 한 가지는 에세이나 시처럼 읽는 이에게 감동을 주며 심장을 울리는 책이고, 다른 한 가지는 경제·경영 분야나 자기계발 분야처럼 지식을 알려주는 책이다. 흔히 차별화는 관점이나 지식, 콘텐츠, 주제, 메시지 등으로 구분하는데, 그것을 잘 확립해나가야 확실한 전문가로 거듭날 수 있다. 영향력이 약한 일반 저자가 책을 쓰고 나서 전문가가 되려면 시간도 많이 소요되고 많은 노력이 필요하다. 그것을 앞당기기 위해서는 차별화된 전문가로 보일 수 있게 책을 잘 써야 한다. 결국은 차별화된 진짜만 지속되고 살아남기 때문이다.

책을 통해 차별화된 전문가가 된 저자

제목	저자/출판사	전문 분야
《나는 오늘 모리셔스의 바닷가를 달린다》	안정은/쌤앤파커스	달리기 전문가
《나는 스타벅스보다 작은 카페가 좋다》	조성민/라온북	작은 카페 창업전문가
《초격차》	권오현/쌤앤파커스	삼성경영 전문가
《나의 문화유산 답사기》	유홍준/창비	문화유산 전문가
《모든 관계는 말투에서 시작된다》	김범준/위즈덤하우스	말투 전문가
《오은영의 화해》	오은영/코리아닷컴	상처 치료 및 육아 상담 전문가

베스트셀러 작가?
비즈니스가 더 좋다

책을 처음 쓰는 저자는 당연히 기획 출간을 원하며, 베스트셀러 작가가 되고 싶어 한다. 기획 출간을 한다는 것은 일단 출판사에서 인정을 받는 것이며, 타깃 독자들이 선호할 수 있는 책이라는 기대감의 표현이다. 저자의 영향력, 콘텐츠, 스토리 중에 최소한 1개는 베스트셀러의 가능성이 있기 때문에 선택하는 것이다. 그런 의미를 알았다면 우리는 더더욱 기획 출간과 베스트셀러를 목표로 책을 쓰기 시작해야 한다.

본인이 아직 초보 저자라고 하더라도 베스트셀러를 염두에 두는 것은 당연한 기대일지도 모른다. 그러나 앞서 언급했듯이 영향력이나 스토리의 힘이 압도적이지 못하면, 독자들은 초보 저자를 알아주지 않는다. 결국 베스트셀러는 이미 출간 전부터 어느 정도 결정되어 있다고 보면 될 것이다. 다시 말해, 베스트셀러가 되려면 본래 저자의 영향력이 상당히 있어서 많은 팬을 확보하고 있어야 한다. 그렇지 않으면 저자가 많은 시간과 비용을 투자해서 방송 등에 출연하고 신문 지면과 서평단에도 적극적으로 의뢰해야 한다. 그래야 조금 더 많이 알려지고 많이 판매된다. 그러한 적극적인 활동 없이 독자가 서점 매대나 온라인 서점에서 보고 구매할 확률은 그다지 높지 않다.

결국 책의 콘셉트나 스토리를 통해 베스트셀러가 되는 초보 저자는 상당히 확률이 적은 편이다. 그렇다면 우리는 어떻게 해야 할까? 초보 저자의 경우, 수익 비즈니스 모델을 만들거나 기존에 있는 모델을 통해 출간 효과를 극대화시키면 된다. 예를 들어, 직장인이면 연봉을 높이면 되고, 사업을 하고 있다면 많은 홍보를 하면 되는 것이다. 책을 낸 직장인이나 사업가라면 일단 다른 사람보다 신뢰가 가지 않겠는가? 책을 통해 비즈니스로 이어진다면 베스트셀러 작가가 되는 것보다 더 가치 있게 될 것이다. 지금 당장 읽는 독자가 많지 않더라도 실망할 필요는 없다. 지속해서 비즈니스로 발전시키면 결국 고객들이 늘어날 것이기 때문이다.

그래서 우리는 베스트셀러가 아니더라도 수익화를 할 수 있는 비즈니스를 하면 된다. 물론 둘 다 이루어지면 너무 좋다. 그러나 초보 저자의 경우 베스트셀러보다는 나의 브랜딩 가치를 높여서 수익까지 이를 수 있는 강연이나 자신의 비즈니스 모델에 접목시켜서 발전시키는 것이 더 큰 의미가 있다. 이미 기존에 있던 비즈니스 모델에 추가로 확장시키거나 업그레이드시켜도 될 것이며, 새로운 모델을 창출해도 될 것이다. 결국 우리는 자신의 영향력과 수익 창출을 위해 책을 출간한 것이 아닌가! 이번 첫 출간을 통해 자신의 비즈니스 모델, 영향력, 추가적인 출간, 강연 등을 어떻게 접목시켜 나갈지 부단히 연구하고 노력해야 한다.

간혹 어떤 분들은 초고를 완성했는데 선택받지 못하고, 원고가 사장 되는 게 아쉬워서 어쩔 수 없이 무리하게 비용을 부담해서 출간하게 되기도 한다. 그러나 우리는 좀 더 냉정하게 판단해서 결정할 필요가 있다. 다시 말하지만, 내 책의 한 문장 한 문장은 결국 나의 이력이 된다. 그리고 추후 나의 브랜딩 주제나 두 번째 책에 대한 출판사의 선택에 영향을 준다. 쉽게 책을 낸다고 해서 절대 프로가 될 수는 없다. 그래서 책 쓰기가 어렵다. 소수의 독자들만 보는 것이 아닌, 앞으로 계속 관심을 받아야 하며, 지속적으로 독자들과 긴밀하게 호흡해야 되기 때문이다.

예전부터 삼성 이건희 회장이나 현대 정주영 회장 등 많은 유명 CEO들이 책을 썼고, 지금도 김승호 회장이나 방송인, 정치인, 연예인들이 책을 쓴다. 그런데 이분들이 사회적 영향력이나 비즈니스가 이미 상당 수준 갖추어진 분들이다. 이분들은 산 정상에서 경치를 편안하게 보고 있다면, 보통 일반인들은 아직 계곡이나 능선에서 산행을 하고 있어 경치를 볼 여유가 없는 입장이다. 그래서 일반 초보 저자들은 내용이나 홍보 마케팅 측면에서 훨씬 더 노력해야 한다.

그러나 우리나라에 기업 CEO나 연예인은 0.1%도 되지 않는다. 그러므로, 전혀 기죽을 필요 없으며 지금부터라도 좋은 콘텐츠로 내가 출간을 하면 된다. 자부심을 가지고 베스트셀러에 도전하거나 비즈니스에 임하면 될 것이다. 결국 인생은 마라톤이다. 연예인 중에도 스쳐 지나가는 반짝스타가 얼마나 많은지 알 것이다. 우리도 책 한 권으로 반짝하기보다는 그 빛이 계속 빛날 수 있도록 노력을 지속해나가야 할 것이다. 기획에서 출간 홍보까지 하나하나씩 이루어나가는 것이 얼마나 성취감이 있고 기분 좋은 일인지 느껴보기를 바란다.

신인배우가 첫 작품을 잘 만나서 유명스타가 되는 경우는 가끔 있지만, 결국 대학로에서 오랫동안 연극 무대에 올랐거나 신인 연기자 시험에 여러 번 도전해서 합격한다면 그것이 오래 지속될 수 있는 스타로 발전해나가는 길일 것이다. 연기자들이 수상소감을 이야기할 때, 그들은 오랫동안 좋은 작품을 통해 좋은 연기자로 기억되고 싶다고 한다. 우리도 계속 출간에 도전해서 베스트셀러에도 진입해보고, 비즈니스 수익모델에도 적용해야 한다. 그것이 쌓이면 실력과 내공이 된다.

앞에서도 몇 번 언급했듯이 영향력이 있으면 책이 많이 팔릴 것이고 강의 의뢰도 많아질 것이다. 또한, 유튜브 등 SNS나 기존에 비즈니스를 하고 있었다면 자신의 몸값이 더 올라가면서 그에 따른 수익이 추가로 발생할 것이다. 열심히 책을 쓰고 나서, 그냥 가만히만 있으면 누가 알아주거나 인생이 성장하지 않는다는 사실을 알아야 한다. 출간 후에도 지속해서 자신을 단련해야 한다. 대부분의 초보 저자는 강한 영향력이 없었기 때문에 출판사에 투고해서 선택받으려고 하는 것이고, 독자들에게 자신의 책을 알리기 위해 노력하는 것이다.

초보 저자의 목표는 첫 번째 책에서 후회 없이 최선을 다해서 집필해 좋은 책을 내는 것이다. 그리고 그것을 현실에 접목시켜 비즈니스 모델로 발전시키는 것을 목표로 삼으면 된다. 그런 충실한 과정 속에서 2쇄, 3쇄로 이어진다면 더더욱 좋은 일이다. 내가 비즈니스 마인드를 가지고 발전시키다 보면, 결국 나중에는 나에게 수많은 제안이 올 수 있는 확률이 높아질 것이다.

베스트셀러가 우연한 기회에 나타난 것처럼 보이는가? 절대 아니다. 그동안 그 분야에서의 노력과 내공이 책으로 실현되어 그를 베스트셀러 작가로 만든 것이다. 초보 저자가 영향력이 부족하지만, 좋은 결과가 나왔다면 매우 축하받을 일이 분명하다. 콘텐츠나 스토리가 좋았을 가능성이 높기 때문이다. 지금 우리는 자신의 영향력의 크기를 냉철하게 살펴보고 그것에 따라 베스트셀러로 갈 수도 있고, 비즈니스 형태로 발전시켜나갈 수도 있음을 인식해야 한다.

최근 3년간 베스트셀러[교보문고 기준]

2019년 올해의 책 베스트셀러		
순위	제목	출판사
1위	《여행의 이유》	문학동네
2위	《고요할수록 밝아지는 것들》	수오서재
3위	《나는 나로 살기로 했다》	마음의 숲
4위	《90년생이 온다》	웨일북
5위	《철학은 어떻게 삶의 무기가 되는가》	다산초당

2020년 올해의 책 베스트셀러		
순위	제목	출판사
1위	《더 해빙》	수오서재
2위	《돈의 속성》	스노우폭스북스
3위	《아몬드》	창비
4위	《하버드 상위 1퍼센트의 비밀》	한국경제신문사
5위	《지적 대화를 위한 넓고 얕은 지식 제로》	웨일북

2021년 올해의 책 베스트셀러		
순위	제목	출판사
1위	《달러구트 꿈백화점》	팩토리나인
2위	《주린이가 가장 알고 싶은 최다질문 TOP 77》	메이트북스
3위	《미드나잇 라이브러리》	인플루엔셜
4위	《조국의 시간》	한길사
5위	《소크라테스 익스프레스》	어크로스

저자가 홍보하고
마케팅하는 시대

이제 저자가 원고만 써서 출판사에 넘기면 되는 시대는 지나간 지 오래다. 출판사에 원고를 넘긴 후에 원고 수정 외에도 홍보 마케팅을 어떻게 할지 계획을 세워야 한다. 저자가 기존의 활동보다 책을 출간한 후에 활동을 더 활발히 하는 것은 이제 당연한 책임이라고 생각해야 한다. 출간 계약이 끝났다고 해서 연극이 끝난 것이 아니다. 오히려 시작이다. 오히려 더 무겁고 막중한 책임감이 당신의 어깨를 짓누르게 될 것이다.

대형 출판사든, 중소형 출판사든 상관없이 출판사들도 나름대로 자신의 역할이나 책임을 다하려고 노력한다. 대형 출판사는 서점의 매대 행사나 인터뷰 등을 통해 책을 홍보하고, 저자에게 지속적으로 홍보와 마케팅의 추진현황을 설명해주고 이끌어주기도 한다. 중소형 출판사의 경우에는 한 달에 한 권만 출간된다거나 몇 달에 한 권씩 출간 된다. 따라서, 홍보에 투입되는 투자금은 많지 않아도 역량을 저자에 게 집중하려고 최선의 노력을 하는 경우가 많다. 제일 중요한 점은 저 자가 적극적이고 진취적인 생각을 실행해야 한다는 점이다.

최근 출판사들은 처음에 온라인으로 저자의 책을 홍보하고 서평 단을 모집한다. 또한, 저자가 유튜브에 출연하기를 적극적으로 독려 한다. 물론 그렇다고 출판사의 투자와 노력에 비례해서 결과가 도출 되지는 않는다. 운이 좋아 예상보다 더 잘될 수도 있고, 투자 대비 판 매량이 주춤할 수도 있다. 만약, 성과가 생각보다 나오지 않으면 출판 사는 어느 순간 투자를 멈추게 될 것이다. 처음에 출판사가 홍보에 적 극적으로 투자하는 가장 큰 이유는 인세에서 차지하는 수익 비중이 출판사가 가장 높기 때문이다. 따라서, 1개월 정도 일정 수준의 비용 과 노력을 투자해보고 기대에 부합하거나 그 이상의 결과가 나온다면 지속적인 관심을 갖고 투자할 것이다.

다시 말하지만, 저자는 출판사에만 의지하면 안 된다. 본인 나름 대로 타임 스케줄을 통해 적극적으로 무료 강의, 지인 홍보, SNS 마케 팅 등을 펼쳐야 한다. 특히 초보 저자의 경우 자신의 홍보 방향을 기획 하고, 출간 전후 2개월 동안 집중적으로 자신의 홍보를 추진해나가야 한다. 결국 그것이 자신의 성장으로 연결될 수 있다.

원고를 다 썼다면 저자가 마케터가 되어야 한다. 다시 말해, 저자는 기획, 집필, 홍보 마케팅까지 할 수 있어야 한다. 출판사가 유명인이나 전문가를 먼저 스카웃하거나 초빙한 것이 아니라면, 출판사도 저자가 능동적이고 적극적으로 마케팅 홍보에 나서줄 것을 직간접적으로 요구할 것이다. 이제는 그것이 당연해진 시대가 되었다. 저자가 본인과 본인의 책을 브랜딩하고 베스트셀러로 만들기 위해 자신의 블로그를 통해 서평단을 의뢰하기도 하고, 책 읽어주는 유튜브나 인터뷰 유튜브에 출연하기도 한다.

감나무 밑에서 감이 떨어지기를 바라는 시대는 이미 지난 지 오래다. 이제는 원숭이처럼 바나나를 먹기 위해 나무에 적극적으로 올라가야 하는 시대다. 그래야 덜 익은 바나나라도 먹을 수 있고, 코코아 야자수로 시원하게 목을 축일 수 있을 것이다. 모든 인생사가 그렇듯, 자신의 노력이 있을 때 행운도 따르는 법이다. 절대 안주하지 말아야 한다. 출간은 이제 연극이 다시 시작된 것을 의미한다. 먼저 연락이 오기를 기다리지 말고 적극적인 홍보와 체계적인 마케팅을 펼치기를 바란다.

저자가 초고를 집필할 때는 원고 작성 외에도 자료 수집 등 추가적인 독서를 겸하느라 바쁠 수도 있다. 그럼에도 불구하고 저자는 서점에 자주 가야 한다. 그리고 원고를 넘기고 출간을 앞둔 상태에서는 더 많이 들러야 한다. 최근에 출간된 책들과 자신의 책을 비교해보며, 출판 시장의 흐름을 파악하는 것이 매우 중요하다. 또한, 블로그나 인스타그램에서 내 눈에 자주 띄는 책이 있다면 그 저자와 출판사는 어떻게 마케팅과 홍보를 진행하고 있는지 검색해가며 살펴볼 필요가 있다. 그렇게 지속적인 관심과 추적을 계속하다 보면 저자들이 어떤 방향으로 홍보 마케팅을 하고 영역을 넓혀가는지 눈에 보일 것이다.

홍보와 마케팅에서 제일 중요한 부분은 어떤 것일까?

바로, 최대한 많이 노출하는 것이다. 저자는 온라인 블로그, 인스타그램, 유튜브를 통해 자신을 많이 알려야 한다. 출간 전에는 물론이고, 출간 후에도 최소 3개월 동안은 노출을 위해 노력해야 한다. 첫 책이 잘되면 자신의 인세 수입이나 브랜딩뿐만 아니라, 두 번째 책을 기획 출간하는 데 유리해지는 건 당연하다. 유료 강의뿐만 아니라, 무료 온라인 강의도 최대한 해야 한다. 그래야 조금이라도 더 자신과 책을 알릴 수 있다. 강의에서는 자신의 열정을 다해야 한다. 그래야 1명이 5명의 잠재 고객에게 강의의 감동을 전달할 수 있고, 첫 책의 구매 고객이 두 번째 책의 잠재 고객이 될 수 있을 것이다. 수강생들은 말을 유창하게 하는 것보다, 저자가 진심과 열정을 가지고 강의하는 모습에 더 박수를 보낸다. 저자의 진정성 있는 메시지가 있다면, 당장은 수익이 없어도 추후에 몇 배의 보상으로 돌아올 수 있을 것이다.

그렇다면 홍보와 마케팅은 어떻게 다를까? 사전적 정의에 따르면 홍보는 '기업·단체 등의 조직체가 커뮤니케이션 활동을 통해 스스로 생각이나 계획 활동 업적 등을 널리 알리는 활동'을 말하고, 마케팅은 '생산자가 상품이나 서비스를 소비자에게 유통시키는 데 관련된 모든 체계적 경영 활동'을 말한다. 다시 말해, 홍보는 1차원적으로 널리 알리는 활동이고, 마케팅은 상품이나 서비스를 유통시키기 위해 실행하는 경영 전반의 전략적이고 체계적인 활동으로 판단된다. 결국은 지인들부터 잠재 고객까지 1차원적인 홍보도 필요하지만, 큰 그림을 통해 체계적인 마케팅이 더 중요하다고 생각한다.

홍보는 일시적이고 즉흥적이지만, 마케팅은 사전에 체계적이고 계획적으로 수립되어야 성공 확률이 높아진다. 마케팅은 좀 더 구체적이고 효율적인 광고 수단이다. 그러므로 이 마케팅 계획은 저자와 출판사가 시간과 비용 등을 협의해서 좀 더 구체적으로 협의해야 한다. 예를 들면, 저자나 출판사의 블로그를 통해서 책의 출간 소식이나 활동계획을 알리는 것은 홍보에 가깝다. 그리고 교보문고 광화문점 행사 매대에 책을 진열할 계획을 가지거나 예스24 온라인에 광고를 띄우는 행위는 마케팅의 범위에 가깝다고 볼 수 있을 것이다.

저자나 출판사가 홍보를 하는 것도 중요하지만, 출간 전부터 여러 루트를 통해 체계적인 마케팅 계획을 세워보는 것이 더 중요하다. 독자들이나 수강생들을 한곳에 끌어모아야 하고, 나의 SNS에 자연스럽게 접근할 수 있도록 노력해야 한다. 그리고 그것은 출간 후에 홍보를 일시적으로 하는 것보다 책이 나오기 전부터 잠재 고객에게 관심을 끌수 있는 메시지를 계속 던지면서 시작해야 한다. 물론 출간 후에도 지속해서 연결 과정을 실행해야 극대화될 수 있을 것이다.

결국은 독자나 고객들이 나를 찾아오게 하려면 어떻게 해야 할지 고민하는 것이 중요하다고 생각한다. 넓게 보면 우리의 일상도 마케팅이며, 직장생활의 하루하루도 나를 마케팅하는 것이다. 계속해서 나를 고급스럽게 업그레이드시키는 것이 마케팅이며, 그것은 단지 책 출간만이 아니라 인생의 나아갈 방향인 것이다. 당신은 지금도 계속 마케팅에 대해 고민하고 있는가? 당신에게 매력을 느끼고 좋아하는 팬은 몇 명인가?

대형 출판사와 중소형 출판사의 장단점

대형 출판사	
장점	• 자금력이 있어서 홍보에 유리하다. • 출판사에 대한 인지도가 높다. • 오프라인 매대 진열 협의가 유리하다. • 서평단 및 온라인 광고에 적극적이다. • 다음 책을 출간할 때 저자에게 유리하다. • 시스템이 잘되어 있어 의사소통이 편하다.
단점	• 출간할 책이 많아 출간 시기가 유동적이다. • 초보 작가에게는 소홀해질 수 있다. • 제목이나 표지에 대한 의견을 출판사에서 결정할 가능성이 크다.

중소형 출판사	
장점	• 저자의 의견이 잘 반영될 가능성이 크다. • 한 달에 한 권의 책에 집중하는 경향이 많다. • 호흡이 잘 맞으면 연속적인 출간계약이 가능하다. • 대표 및 편집부와 직접 대화를 많이 나눌 수 있다.
단점	• 출판사에 대한 인지도가 비교적 낮을 수 있다. • 작은 출판사일수록 비용에 민감하다. • 출판사 브랜드 인지도가 낮다. • 다음 책을 출간할 때 더 유명한 출판사에 도전하는 게 쉽지 않을 수 있다.

책 쓰기, 40대를 바꾸다

제1판 1쇄 2022년 2월 28일

지은이   양민찬
펴낸이   서정희   펴낸곳   매경출판(주)
기획제작 ㈜두드림미디어
책임편집 최윤경, 배성분   디자인   얼앤똘비악earl_tolbiac@naver.com
마케팅   강윤현, 이진희, 장하라

매경출판㈜
등록 2003년 4월 24일(No. 2-3759)
주소 (04557) 서울시 중구 충무로 2(필동1가) 매일경제 별관 2층 매경출판㈜
홈페이지 www.mkbook.co.kr
전화 02)333-3577
이메일 dodreamedia@naver.com
인쇄·제본 ㈜M-print 031)8071-0961
ISBN 979-11-6484-371-8 (03190)